Joachim Detjen

Streitkultur

Konfliktursachen, Konfliktarten
und Konfliktbewältigung in der Demokratie

Joachim Detjen

Streitkultur

Konfliktursachen, Konfliktarten
und Konfliktbewältigung
in der Demokratie

WOCHEN
SCHAU
VERLAG

Bibliografische Information der Deutschen Nationalbibliothek

Die Deutsche Nationalbibliothek verzeichnet diese Publikation
in der Deutschen Nationalbibliografie; detaillierte bibliografische
Daten sind im Internet über http://dnb.d-nb.de abrufbar.

www.wochenschau-verlag.de

Titelgestaltung: Ohl Design
Gesamtherstellung: Wochenschau Verlag
Titelbild: © antipathique - Fotolia.com
ISBN 978-3-89974808-6

Inhalt

Einleitung

Streit und Konflikt in der Politik sind unpopulär. Der brave Bürger mag keinen Streit. Er mag es auch nicht, wenn Politiker streiten. Da dies aber andauernd geschieht, schaut er verächtlich auf die Streitenden in der politischen Arena herab. Merkwürdig ist allerdings, dass dieser brave Bürger sich nicht selten als Streithansel aufführt und sich nicht davor scheut, seine Sache notfalls vor Gericht auszufechten. Typisch hierfür ist der Nachbarschaftsstreit: Der Hund des Nachbarn bellt zu laut. Die Äste seines Apfelbaums hängen zu weit über den Grenzzaun. Beim Gang zum Gericht geht es dem klagenden Bürger darum, sein Recht zu bekommen. Dass es im politischen Streit ebenfalls um das Recht geht, auch wenn dieses im politischen Entscheidungsprozess erst erzeugt wird, entzieht sich seiner Einsicht.

Es ist also wohl erforderlich, Verständnis dafür zu wecken, dass Streit und Konflikt etwas ganz Normales im menschlichen Zusammenleben sind und dass sie in der Politik und Gesellschaft eine wichtige und durchaus positive Rolle spielen.

Die Absicht, Verständnis zu wecken, ist deshalb wichtig, weil Streit und Konflikt ein so extrem negatives Image haben. Viele sehen im Konflikt nicht die Wirklichkeit, in der sie leben, sondern die Krankheit oder Unvernunft oder Streitsucht der anderen. Vor allem das Wort „Streit" wird oft abwertend benutzt. Denn Streit gilt als eine Art Sprengsatz guter sozialer Beziehungen, der deshalb rasch entschärft werden muss.

Nur wenige Menschen mögen zwischenmenschliche Konflikte. Sie versuchen, sie im Alltag nach Möglichkeit zu meiden. In der Wahrnehmung der Menschen stören sie, erzeugen Stress, geben den Beteiligten das unangenehme Gefühl von Kontrollverlust und beeinträchtigen die Leistungsfähigkeit (Redlich & Mironov 2003, 265). Kurz und gut: Konflikte werden als negativ erlebt. Der in einem Konflikt Stehende ist sich hinsichtlich seiner Reaktionsmöglichkeiten unsicher.

Er weiß nicht genau, was er tun soll. Zugleich spürt er einen Druck, die als unangenehm empfundene Lage möglichst rasch zu beenden. Er empfindet die Situation insgesamt also als sehr belastend.

Die Abneigung gegen Konflikte im Alltagsleben kann man psychologisch nachvollziehen. Es lebt sich angenehmer, wenn man mit seinen Mitmenschen nicht im Streit liegt. Es ist allerdings die große, zur Skepsis Anlass gebende Frage, ob man die negative Einstellung Konflikten gegenüber auf die Politik übertragen sollte. Viele Menschen tun dies nämlich.

Dass Konflikte so unpopulär sind, hängt wohl auch mit einer Besonderheit der deutschen politischen Kultur zusammen, die Ralf Dahrendorf, ein bekannter Soziologe, einmal als „Sehnsucht nach Synthese" bezeichnet hat. Er meint damit das Verlangen nach Harmonie und umfassendem Konsens in Politik und Gesellschaft. Die aus der Sehnsucht nach Synthese folgende Scheu, Streit und Konflikt als ein Grundelement demokratischer Prozesse zu akzeptieren, bringt es mit sich, einen deutlichen Austrag politischer Kontroversen als stillos zu qualifizieren, daran beteiligten Akteuren mit Misstrauen

Vertrauen in die Institutionen

Frage: „Könnten Sie mir bitte zu jedem Punkt auf dieser Liste sagen, wie viel Vertrauen Sie in jeden haben, ob sehr viel Vertrauen, ziemlich viel, wenig oder überhaupt kein Vertrauen?"
(Zahlen in Prozent)

Mai 2009	Bevölkerung insg.			
Wenig	Überhaupt keines		Sehr viel Vertrauen	Ziemlich viel
20	4	Die Polizei	20	56
25	8	Bundesverfassungsgericht	22	45
28	5	Die Gerichte	18	49
32	8	Bundespräsident	17	43
29	10	Die Bundeswehr	11	50
51	9	Die Bundesregierung	3	37
55	12	Bundesrat	2	30
56	11	Bundestag	2	31
61	26	Die Parteien	1	11

Zu viel Streit?

Frage: „Wie ist Ihr Eindruck: Streiten die Parteien zu viel miteinander oder ist es wichtig, dass die Parteien ihre unterschiedlichen Vorstellungen gründlich ausdiskutieren?"
(Zahlen in Prozent)

August 2004	Bevölkerung insg.	Politisch Interessierte	Politisch Desinteressierte
Streiten zu viel	48	46	51
Ist wichtig	41	47	34
Unentschieden	11	7	15
Summe	100	100	100

Schaukämpfe

Frage: „Es ist ja oft so, dass sich Politiker in öffentlichen Diskussionen persönlich scharf angreifen. Stört Sie das, oder finden Sie, das gehört zum politischen Geschäft einfach dazu?"
(Zahlen in Prozent)

Januar 2008	Bevölkerung insg.	Männer	Frauen
Stört mich	40	34	46
Gehört dazu	51	59	43
Unentschieden, Keine Angabe	9	7	11
Summe	100	100	100

nach: Allensbacher Jahrbuch der Demoskopie 2003-2009. Band 12.
Herausgeegeben von Renate Köcher. Berlin, New York 2009

zu begegnen und alle Institutionen hochzuschätzen, die als überparteilich und neutral gelten (Dahrendorf 1965, 232 f.). Nicht selten werden dabei harmonistische Wunschvorstellungen auf Bereiche und Probleme projiziert, deren Lösungen in einer Demokratie notwendigerweise umstritten sein müssen.

Die Mehrheit der Deutschen bevorzugt in der Politik offensichtlich eine geräuschlose und geschlossene Arbeit. Sie verabscheut die klare Artikulation von Meinungen und Positionen als Ausdruck von Uneinigkeit und Zerwürfnis. Öffentlicher Streit gilt ihr als eine Art Unglücksfall oder als

Zeichen politischer Führungsschwäche. Geschlossenheit bewertet sie demgegenüber als einen Wert an sich. Zur Disqualifizierung des politischen Streites passt die gerne geäußerte Anmahnung von Sachlichkeit. Von diesen Einschätzungen sind auch die Parteien betroffen. Denn viele Bürger meinen, dass das Wichtigste für eine Partei Einigkeit nach innen und Geschlossenheit nach außen darstellt. Verbreitet ist ebenso die Auffassung, dass heftige Auseinandersetzungen zwischen den Parteien wie zwischen den Interessengruppen dem Gemeinwohl schadeten.

Mit dem Aufklärungsphilosophen Immanuel Kant gibt es nun eine prominente Stimme, die zwar Verständnis für die Sehnsucht nach Harmonie äußert, dieser Sehnsucht aber eine rational begründete Abfuhr erteilt. Kant schreibt: „Der Mensch will Eintracht. Aber die Natur weiß besser, was für seine Gattung gut ist; sie will Zwietracht." Dass die Zwietracht von Vorteil sei, begründet Kant damit, dass aus der Eintracht Lässigkeit und untätige Genügsamkeit folgten. Der Mensch aber solle sich in Arbeit und Mühseligkeiten stürzen. Kant resümiert: „Dank sei also der Natur für die Unvertragsamkeit, für die missgünstig wetteifernde Eitelkeit, für die nicht zu befriedigende Begierde zum Haben oder auch zum Herrschen" (Kant, Idee zu einer allgemeinen Geschichte in weltbürgerlicher Absicht, A 393/394).

Immanuel Kant
(1724-1804)

Die vorliegende Schrift verfolgt vier Absichten. Sie will erstens zeigen, dass Konflikte ubiquitär sind, dass es sie also überall gibt: im Alltag, im überschaubaren Nahraum, in der Gesellschaft und im internationalen Bereich.

Die Schrift will zweitens dazu ermutigen, die Existenz von Konflikten anzuerkennen, in ihnen also nichts Skandalöses zu sehen, das überwunden werden muss. Wer nämlich den Konflikt für eine „Krankheit" hält, liefert die Wirklichkeit utopischen Träumereien aus. Jede selbstgewisse und dynamische Gesellschaft kennt und anerkennt soziale Konflikte. Wer also Konflikte in der Gesellschaft leugnet, verhält sich wie jemand, der seelische Konflikte verdrängt: Er ist in Gefahr, die Wirklichkeit zu verkennen und damit an ihr zu scheitern (Dahrendorf 1972, 20 f.).

Die Schrift will drittens Anregungen für den konstruktiv-produktiven Umgang mit Konflikten geben. Denn es kann nicht darum gehen, sie auszuschalten und zu verhindern. Natürlich lässt sich nicht bestreiten, dass Konflikte destruktiv sein können. Ein Konflikt hat destruktive Folgen, wenn die Beteiligten mit dem Ergebnis unzufrieden sind und das Gefühl haben, dass sie verloren haben. Ein Konflikt hat produktive Folgen, wenn die Beteiligten mit dem Ergebnis zufrieden sind und das Gefühl haben, dass ihnen der Konflikt einen Gewinn gebracht hat (Deutsch 1976, 24 f.).

Die Schrift will schließlich viertens daran erinnern, dass die unbehinderte Konfliktaustragung ein tragendes Merkmal freiheitlicher politischer Ordnungen darstellt. Diktaturen hingegen unterdrücken Konflikte. Handelt es sich um totalitäre Diktaturen, vertrauen sie ideologischen Konstrukten. Diese liefern den Diktaturen die Rezepte für die Beseitigung der Konfliktursachen. Auf den Fundamenten ihrer Ideologien bauen die Diktaturen dann eine Fassade der allseitigen Einigkeit auf. So erfand der Nationalsozialismus die Idee der Volksgemeinschaft. Der Marxismus-Leninismus operierte mit der Vorstellung der klassenlosen Gesellschaft. Nach dem Untergang totalitärer Regime zeigt sich jedoch, dass die Konflikte keineswegs aus der Welt geschafft wurden.

Konflikte bilden den Gegenstand einer ganzen Reihe wissenschaftlicher Disziplinen. Erwähnt seien die Psychologie, insbesondere die Sozialpsychologie, die Soziologie, die Politikwissenschaft sowie die Internationalen Beziehungen, eine Teildisziplin der Politikwissenschaft. Auf Erkenntnisse dieser Wissenschaften wird bei der Erörterung des Themas immer wieder zurückgegriffen.

1. Streit und Konflikt

Versuch einer begrifflichen Klärung

Was versteht man eigentlich unter Streit und Konflikt? Bedeuten sie dasselbe oder gibt es Unterschiede zwischen den beiden Erscheinungen? Was vor allem enthält der Konfliktbegriff? Diese Fragen müssen zuallererst geklärt werden.

Gemeinsamkeiten und Unterschiede von Streit und Konflikt

Ein Blick in das Deutsche Universalwörterbuch des Dudenverlages zeigt, dass das Wort „Streit" aus dem Althochdeutschen stammt, wo es so viel wie „Widerstreben" und „Aufruhr" bedeutete. Das Wörterbuch erläutert den Streit als „heftiges Sich-Auseinandersetzen, Zanken [mit einem persönlichen Gegner] in oft erregten Erörterungen, hitzigen Wortwechseln, oft auch in Handgreiflichkeiten." Das Wort „Konflikt" stammt hingegen aus dem Lateinischen („conflictus"), wo es so viel wie „Zusammenstoß" bedeutete. Gemäß dem Wörterbuch ist der Konflikt eine „durch das Aufeinanderprallen widerstreitender Auffassungen, Interessen oder Ähnlichem entstandene schwierige Situation, die zum Zerwürfnis führen kann." Einige Zeilen weiter präsentiert das Wörterbuch ein zweite, gleichsam verschärfte Version des Konfliktbegriffes. Danach ist der Konflikt eine „mit kriegerischen Mittel ausgetragene Auseinandersetzung zwischen Gegnern."

Gemeinsam haben Streit und Konflikt, dass es in ihnen um Auseinandersetzungen geht, in denen sich die Beteiligten nichts schenken. In den Auseinandersetzungen muss es um Gegenstände gehen, über die die Beteiligten unterschiedlicher Auffassung sind oder hinsichtlich derer sie entgegengesetzte

Interessen vertreten. Zwischen den beiden Begriffen gibt es aber auch Bedeutungsnuancen.

Vom Streit spricht man, wenn man an die konkreten Ausdrucksformen einer Auseinandersetzung denkt, etwa an das erregte Wortgefecht, an die Beschimpfung des Kontrahenten oder an den Aufbau von Drohkulissen. Ein Streit kann, muss aber keine tieferen oder sachlichen Ursachen haben. Er kann aus heiterem Himmel ausbrechen, wenn sich etwa jemand in einer Schlange Wartender unberechtigterweise vordrängt und andere sich dies nicht gefallen lassen wollen. Er kann darauf beruhen, dass sich die Streitenden nicht leiden können, ja dass sie Hass aufeinander empfinden. Ein Streit kann aber auch funktional sein, also einen Sinn erfüllen. Dies gilt beispielsweise für den Streit der Parteien über die richtige Politik. Auch hier kann es lautstark und heftig zugehen, zugleich wird man aber zugeben müssen, dass dieser Streit zur Demokratie gehört, weil es für das Gemeinwohl unterschiedliche Vorstellungen gibt.

Vom Konflikt spricht man, wenn man an Strukturen und Ursachen einer sachlich fundierten Auseinandersetzung denkt, also an das, was den Streit hervorgerufen hat und ihn inhaltlich bestimmt. Nicht immer jedoch werden die beiden Begriffe sauber auseinandergehalten. Das ist aber insofern nicht schlimm, als sie, wie erwähnt, ja auch Gemeinsames bedeuten.

Die Konflikt-Definition des Wörterbuches macht darauf aufmerksam, dass es offensichtlich zwei Arten des Konfliktaustrages gibt. So gibt es zum einen Konflikte, die zu einem Zerwürfnis führen können, aber nicht müssen. Es ist also sehr wohl möglich, dass sich Konflikte so regeln lassen, dass die Beteiligten weiterhin zusammenleben können. Zum anderen gibt es Konflikte, die nicht so glimpflich ablaufen. Diese Konflikte werden mit unfriedlichen Mitteln ausgetragen. Die Beziehung der Kontrahenten dürfte dadurch endgültig zerrüttet sein.

Konflikte bergen also immer die Möglichkeit der Gewaltanwendung. Daher bilden sie eine permanente Herausforderung für die Leistungsfähigkeit von Verfahrensweisen und Institutionen, die der friedlichen Konfliktbearbeitung dienen.

Aspekte des Konfliktbegriffes

Konflikte stellen eine menschliche Grunderfahrung dar. Es gibt sie auf allen Ebenen des menschlichen Zusammenlebens. Diese Konflikte nennt man interindividuell. Menschen erleben Konflikte aber auch in ihrem Inneren. Solche Konflikte heißen intraindividuell. Ein innerer Konflikt liegt dann vor, wenn eine Person zwei Ziele für erstrebenswert hält, die sie aber nicht gleichzeitig verwirklichen kann oder die unvereinbar sind. Die interindividuellen Konflikte reichen vom familiären Konflikt bis zum Konflikt zwischen Staaten. Konflikte gibt es mithin in der Schule, in der Kirche und in der Universität. Es gibt sie in den Betrieben, in den Behörden und in den Parteien. Es gibt sie für jedermann sichtbar im Parlament. Es gibt sie aber auch in der Regierung, selbst wenn jede Regierung versucht, Konflikte nicht nach außen dringen zu lassen. Konflikte sind folglich in allen nur denkbaren Lebensbereichen anzutreffen: in der Gesellschaft, in der Wirtschaft, in der Kultur, vor allem aber in der Politik.

In der Alltagssprache wird das Wort „Konflikt" in inflationärer Weise verwendet. Häufig fehlt es an einer Abgrenzung zu den verwandten Erscheinungen der Konkurrenz und des Wettbewerbs. So ist oft zu hören, ein Konflikt entstehe in dem Moment, wo bei der Verwirklichung der Absichten des einen Akteurs eine Beeinträchtigung durch einen anderen Akteur erfolge (Glasl 2003, 123). Ähnlich klingt es, wenn gesagt wird, ein Konflikt liege vor, wenn zwei Akteure, seien es nun Personen, Gruppen, Organisationen oder gar Staaten, durch gegenseitige oder unvereinbare Handlungen einander behinderten (Berkel 2006, 670).

Etwas allgemeiner formuliert besteht nach den zitierten Auffassungen ein Konflikt darin, dass widerstreitende Handlungstendenzen aufeinanderstoßen. Denn eine Handlungstendenz, die mit einer anderen nicht vereinbar ist, behindert, blockiert und stört diese und macht sie weniger aussichtsreich und wirksam (Deutsch 1976, 18). Würde diese Definition stimmen, dann wären die drei folgenden Situationen Konflikte: Zwei Bewerber bemühen sich um ein und dieselbe berufliche

Position. Zwei Parteien streben im Wahlkampf zur Macht. Zwei Fußballmannschaften spielen um die Meisterschaft.

Die beiden ersten Beispiele stellen aber Konkurrenzsituationen dar. Und die dritte Konstellation ist eindeutig eine Wettbewerbssituation. Von einem Konflikt würde man in allen drei Fällen nicht sprechen. Ein Konflikt, der diesen Namen verdient, verlangt nämlich deutlich mehr. Denn über das Konkurrenz- und Wettbewerbsverhalten hinaus muss die Unvereinbarkeit eine kritische Spannung erzeugen, die sich auf die Beziehung der Beteiligten merklich auswirkt und sie potentiell oder aktuell gefährdet. Diese kritische Spannung ist dasjenige Moment, das den Konflikt von Konkurrenz und Wettbewerb unterscheidet (Link 2004, 369 f.). Man kann also durchaus sagen, dass sich die Konfliktparteien nicht spielerisch, sondern ernsthaft negativ zueinander verhalten, sich in gewisser Weise sogar attackieren.

Ein Konflikt ist weiterhin dadurch gekennzeichnet, dass er immer einen Gegensatz zwischen zwei Akteuren ausdrückt. Wo es mehr als zwei Beteiligte gibt, bilden sich Koalitionen, so dass es doch wieder zum Gegensatz von letztendlich zwei Kontrahenten kommt.

Die Menschen können auf Konflikte sehr unterschiedlich reagieren. Prinzipiell haben sie drei Möglichkeiten: Sie suchen mit Hilfe von Argumenten nach einer Einigung mit dem Gegner und damit nach einer Regelung des Konfliktes. Oder sie lassen den Konflikt auf sich beruhen, was bedeutet, dass dieser weiter schwelt. Oder sie setzen Gewaltmittel ein, um den Konflikt zu den eigenen Gunsten zu entscheiden. Die Gewaltmittel können dabei von sehr unterschiedlicher Intensität sein. In alltagsweltlichen Konflikten können sie in feindseligem Schweigen, in einer heftigen verbalen Auseinandersetzung oder in körperlichen Tätlichkeiten bestehen.

Konflikte müssen also nicht automatisch oder zwangsläufig eine Bedrohung des Zusammenlebens darstellen. Allerdings lässt sich nicht ausschließen, dass es zu einer offenen Gewaltanwendung kommt. So zieht sich, bezogen auf die internationalen Beziehungen, die gewaltsame Austragung von

Konflikten wie ein blutroter Faden durch die Geschichte der Menschheit. Aber auch die Vermittlung von Konflikten in der internationalen Politik hat eine lange Geschichte.

Im Bereich gesellschaftlich-politischer Konflikte kann der offene Konfliktaustrag sehr unterschiedliche Formen annehmen. Es gibt natürlich nichtwünschbare extreme Formen, wie Prügeleien, Saalschlachten, bewaffnete Auseinandersetzungen oder gar bürgerkriegsähnliche Zustände. Es gibt ein mittleres Spektrum der Konfliktaustragungsintensität wie etwa die parlamentarische Redeschlacht, die mit Streik- und Aussperrungsdrohungen gewürzte Tarifverhandlung und die mit Ultimaten versehene internationale Konferenz. Es gibt schließlich aber auch das positive Extrem des sachlichen Gesprächs und der Verhandlung nach Maßgabe von Höflichkeit und offener Argumentation der Beteiligten (Dahrendorf 1965, 191). Mit einem Wort: Konflikte können friedlich oder heftig, milde oder intensiv ausgetragen werden.

Ob Konflikte milde oder heftig ausgetragen werden, hängt zwar nicht ausschließlich, aber doch nicht unwesentlich davon ab, wie intensiv die Kontrahenten am Konflikt beteiligt sind. Die Intensität ist hoch, wenn für die Akteure viel vom Ergebnis der Konfliktregelung abhängt, wenn, mit anderen Worten, die Kosten der Niederlage hoch sind. Die Intensität ist gering, wenn eine Niederlage leicht verschmerzt werden kann, weil man nichts wirklich verliert. Das bedeutet, dass ein Arbeitskampf hoch intensiv geführt wird, während der Kampf um den Vorsitz in einem Sportverein eher eine geringe Intensität aufweist (Dahrendorf 1972, 37 f.).

2. Streit und Konflikt

Ein überall anzutreffendes Phänomen

Wenn Menschen zusammenleben, kommt es zwangsläufig zu Konflikten. Der Grund liegt einfach darin, dass die Menschen verschieden sind, verschieden denken, verschiedene Bedürfnisse, Interessen und Wünsche haben. Der Konflikt ist mithin als eine Realität in jeglicher Beziehung vorhanden. So gibt es Konflikte zwischen Eltern und ihren Kindern, zwischen Schulkindern, Geschäftspartnern und Nachbarn. Und es gibt Konflikte in der interkulturellen Begegnung.

Betrachtet man die Beziehungen zwischen Gruppen von Menschen, gelangt man zu demselben Resultat. Es scheint eine soziale Kraft des Antagonismus zu geben, die Menschen gegeneinander wendet. So gibt es Konflikte zwischen Unternehmensleitung und Betriebsrat, Arbeitgeberverbänden und Gewerkschaften, zwischen den unterschiedlichen Parteien und den unterschiedlichen Konfessionen. Es gibt Konflikte zwischen der Regierung und der Opposition sowie auch innerhalb der Regierung. Und es gibt Konflikte zwischen den Staaten.

Im Folgenden sollen an Beispielen schlaglichtartig, mithin ohne Anspruch auf Vollständigkeit, einige Konflikte vorgestellt werden, um anschaulich zu machen, dass Konflikte in allen nur denkbaren Bereichen vorkommen.

Streit und Konflikt im Alltag und im sozialen Nahbereich

Konflikte in der Familie sind alltäglich. So spielt der kleine Jonas weiter auf dem Nachbargrundstück Fußball, obwohl seine Mutter ihm wiederholt gesagt hat, dass die Familie in einer halben Stunde zu einem Besuch aufbrechen muss und er deshalb mit dem Spielen aufhören soll. Die siebzehnjährige Susanne weigert sich, ihren Plan aufzugeben, am Wochenende mit ihren Freunden ans Meer zu fahren, obwohl sie weiß, wie sehr ihren Eltern dies missfällt. Solche Konflikte zwischen den Bedürfnissen der Eltern und denen des Kindes sind nicht nur in jeder Familie unvermeidbar, sondern müssen zwangsläufig auftreten. Die Familienkonflikte erstrecken sich von ziemlich unwichtigen Differenzen bis hin zu entscheidenden Meinungsverschiedenheiten. Es sind Konflikte, in denen die Bedürfnisse der Beteiligten auf dem Spiel stehen.

In den Schulen kommen Konflikte zwischen Schülern sowie zwischen Lehrern und Schülern Tag für Tag vor. Allerdings sind Konflikte zwischen Schülern in der Regel nur Streitereien, da sie keine sachlich-strukturellen Ursachen haben. Es ist also Streit, wenn Johannes die Schreibmappe von Andrea versteckt, um sie zu ärgern. Oder wenn Marcel aus Schabernack Schmierereien im Heft von Rüdiger vornimmt. Oder wenn Jan während der Klassenarbeit von Mareike zu deren Ärger abschreibt. Den Charakter eines Konfliktes nimmt eine Auseinandersetzung dann an, wenn es zu einem kulturell verursachten Zusammenstoß zwischen Schülern kommt. Dies könnte der Fall sein, wenn etwa ausländische Schüler von ihren deutschen Mitschülern systematisch diskriminiert würden. Schüler-Lehrer-Konflikte können ganz verschieden gelagert sein. So ist die Leistungsbeurteilung ein klassischer Konfliktanlass. Eine übermäßige Belastung mit Hausaufgaben kann ebenfalls einen Konflikt auslösen. Weiterhin kann ein Lehrer einen Konfliktanlass darin sehen, dass ein Schüler andauernd zu spät zum Unterricht erscheint.

Als charakteristische Konflikte im sozialen Nahraum gelten Nachbarschaftsstreitigkeiten. In der Regel hat ein Nachbarschaftsstreit eine Vorgeschichte, in der es zu Verletzungen kam, die aus der Sicht zumindest eines Kontrahenten ein gedeihliches Zusammenleben nicht zulassen. Ein feindseliges Verhältnis existiert also bereits, bevor es zum Ausbruch eines aktuellen Konfliktes kommt. Typisch hierfür ist die Situation, dass Meyer eine Garage auf der Grenze zu Schulzes Grundstück bauen möchte. Schulze nimmt die Gelegenheit wahr,

Großer Krach um den Sägenlärm

Wie häufig darf der Nachbar „Holz machen"?

mi. Leversen. „Der Krach ist für uns unerträglich", sagt Jürgen Schmidt (58). Der Musiklehrer aus Rosengarten-Leversen fühlt sich durch Motorsägenlärm gestört, der ständig aus einem benachbarten Garten dröhnt. „Lärm macht krank", weiß der Musiklehrer. Durch die Motorsägenemissionen herrsche bei ihm teilweise der Lärmpegel eines Schnellzuges (110 dB). Das hat Jürgen Schmidt mit einem eigens angeschafften Messgerät festgestellt. Von den Behörden fühlt er sich im Stich gelassen. Motorsägenlärm fällt nicht unter die Regelungen der Lärmschutzverordnung. Das Ordnungsamt verfolgte Schmidts Beschwerde nicht. Jetzt hat sich Schmidt an den Landkreis Harburg gewandt.

„Es geht mir nicht darum, jemanden in die Pfanne zu hauen." Dem Musiklehrer geht es vielmehr darum, dass der zunehmende Lärm von Motorsägen in Wohngebieten als allgemeines Problem erkannt und strenger geregelt wird.

Der Pädagoge lebt seit 50 Jahren in Leversen, ist dort aufgewachsen. Sein Haus steht auf einem idyllischen Grundstück mit kleinen Teichen und hohen Bäumen. Früher war es eines der wenigen Häuser in der Straße, rundum lagen Felder und Wiesen. Doch das ist lange her.

„Hier hat sich einiges verändert, es wurde viel gebaut, die Grundstücke sind enger zusammengerückt. Deswegen sollten die Leute mehr Rücksicht aufeinander nehmen", fordert Schmidt. Alle Kommunikationsversuche mit seinem „sägenden" Nachbarn seien gescheitert.

Der Nachbar kann Schmidts Vorwürfe nicht verstehen. „Ich tue nichts Verbotenes", sagt Karsten Westphal, das habe ihm auch das Ordnungsamt bestätigt. Er säge nur zu normalen Zeiten, niemals während der Mittags- oder Nachtruhe und auch nicht stundenlang. Verärgert ist Westphal über das Vorgehen seines Nachbarn. Eine Aussprache mit ihm sei nicht möglich gewesen. „Bei uns stand schon zweimal die Polizei auf dem Hof."

Auch die Ordnungshüter, so Westphal, hätten ihm attestiert, er verhalte sich korrekt. „Was soll ich denn machen, ich tue doch nichts Unrechtes, hier in der Nachbarschaft."

Neue Buxtehuder vom 17.12.2011, S. 8

um Meyer das vorausgegangene Verhalten heimzuzahlen. Er lehnt Meyers Begehren ab, wie Meyer im Jahr zuvor Schulzes Bitte abgelehnt hatte, einen Baum zu fällen, der Laub und Schatten auf Schulzes Gemüsegarten wirft.

Streit und Konflikt sind im überschaubaren Bereich der örtlichen Gemeinde etwas ganz und gar Normales. Die örtliche Presse lebt geradezu davon, dass es genügend lokale Auseinandersetzungen gibt, um darüber berichten zu können. Auch im lokalen Bereich gilt, dass ein Streit oft persönliche Hintergründe hat. Konflikte in der Lokalpolitik haben dagegen sachliche Hintergründe. Natürlich kann sich beides auch vermischen.

Streit in der Kommunalpolitik

Grüne streiten öffentlich

Neu Wulmstorf: Felix Kruse contra Fraktionschef Joachim Franke

Streit um Sportplatz-Bau

CDU will Kunstrasenplatz schon 2013 bauen / Rat beschließt morgen den Haushalt / Wo soll investiert werden?

Neuer Streit im Rat

Förderverein wird für eigene Aktivitäten kritisiert

Neue Buxtehuder, Dezember 2011/Januar 2012

Interkulturelle Konflikte: Ein besonders sensibles Feld

In einer kulturell heterogenen Gesellschaft nimmt die Häufigkeit von Konflikten zu, die darauf zurückzuführen sind, dass kulturell Verschiedene aufeinandertreffen. Da die Beteiligten durch ihre jeweilige Kultur geprägt sind und sie diese für selbstverständlich und mithin auch für andere zumutbar halten, entziehen sich interkulturelle Konflikte in einem gewissen Ausmaß einer rationalen Steuerung durch die Akteure. Konflikte mit interkulturellem Hintergrund entfalten daher eine besondere Brisanz. Das ist auch deshalb so, weil viele Menschen aufgrund ihrer kulturellen Prägung hilflos auf solche Konflikte reagieren. In der Regel wenden sie nämlich ihre gewohnten kulturellen Verhaltensmuster an, die von kulturell anders Geprägten jedoch nicht so verstanden werden, wie sie intendiert sind. Obwohl nicht beabsichtigt, wirken gebräuchliche Verhaltensmuster häufig sogar konfliktverschärfend.

Es ist unvermeidlich, dass die Menschen ihr Handeln auf die ihnen vermittelten Deutungs- und Orientierungsmuster stützen. Das gilt für Angehörige der dominanten, d.h. einheimischen Kultur genauso wie für diejenigen, die als Migranten aus anderen Kulturen stammen, d.h. zu den dominierten Kulturen gehören. Den meisten Menschen, vor allem denen aus der dominanten Kultur, ist gar nicht bewusst, dass ihre Werte, Normen und Regeln kultureigen sind. Sie halten ihre eigene Kultur vielmehr für universal, erwarten also, dass sie von allen Menschen geteilt wird.

In interkulturellen Konflikten wirkt sich fast immer ein Machtgefälle zwischen den Angehörigen der dominanten und denen einer dominierten Kultur aus. Dieses Gefälle kann erklären, warum interkulturelle Konflikte so leicht eskalieren. Das Machtgefälle zeigt sich darin, dass die zentralen Institutionen des Gemeinwesens eine bestimmte Kultur, nämlich die der einheimischen Gesellschaft, widerspiegeln. Aus dieser Perspektive erscheint die Kultur von Migranten nicht nur als anders, sondern auch als weniger relevant. Sofern die selbstverständlichen Vorstellungen, Praktiken und Ansichten der Migranten von denen der dominanten Kultur abweichen, gelten sie als falsch. Konfliktträchtig sind also nicht allein Missverständnisse aufgrund kultureller Differenzen. Konfliktpotenzial enthält auch der Sachverhalt, dass sich die Angehörigen kultureller Minderheiten in einem ständigen Konflikt mit den dominanten Normen befinden.

Das heißt: Angehörige der dominanten Kultur fühlen sich von Migranten falsch verstanden und behandelt, nur weil sie sich wie immer verhalten. Dieses Verhalten bedeutet für die Migranten aber, dass sie mit den dominanten Normen konfrontiert werden. Sie neigen dann zu dem Vorwurf, man verhalte sich ihnen gegenüber feindselig, nur weil sie „Ausländer" seien. Dieser Vorwurf hat gleichwohl eine gewisse

Ein Beispiel für einen interkulturellen Konflikt

Mit dem Kopftuch unterwegs

Es ist 23:00 Uhr abends und Dilek kommt von der Arbeit. Wie gewöhnlich nimmt sie für den Rückweg den Bus. Es ist immer recht einsam an der Bushaltestelle, und so ist sie froh, dass der Bus pünktlich kommt.

Als sie in den Bus einsteigt, zeigt sie ihren Fahrausweis vor. „Einen Moment bitte!" hält Thomas, der Busfahrer, sie auf. „Ich kann nicht kontrollieren, ob das tatsächlich Ihr Ausweis ist. Bitte nehmen Sie Ihr Kopftuch ab. Dann kann ich sehen, ob Sie das sind auf dem Foto des Ausweises." Erst vor kurzem ist eine dringende Anweisung an alle Fahrer ergangen, die Fahrausweise genau zu prüfen. Auf dem Fahrausweis ist ein Lichtbild einer Frau ohne Kopftuch zu sehen. Als der Fahrausweis ausgestellt wurde, trug Dilek ihr Kopftuch noch nicht. Inzwischen trägt Dilek aber ein Kopftuch, da sie es für ihre religiöse Pflicht hält.

Dilek schüttelt den Kopf: „Ich kann mein Kopftuch nicht abnehmen. Aber das ist mein Ausweis. Ich fahre jeden Abend um diese Zeit mit dem Bus." „Das kann ja sein. Aber ich muss Ihren Ausweis kontrollieren. Ich bin dazu verpflichtet. Wir sind extra von der Verwaltung dazu aufgefordert. Es kann doch nicht so schwer sein, das Tuch abzunehmen. Ich beiße schon nicht", antwortet Thomas. Doch Dilek will das Tuch weiterhin nicht abnehmen: „Nein. Mein Glaube verbietet mir das. Ich darf es nicht vor Ihnen abnehmen." Thomas versucht noch einmal, sie zu überreden: „Gott wird schon nicht hinsehen, wenn Sie das Kopftuch abnehmen. Und Ihr Mann ist doch auch nicht dabei. Na, kommen Sie schon. Sonst kann ich Sie nicht mitnehmen. Ich mein' es doch nur gut!"

Dilek steht noch immer im Eingang des Busses. Sie nimmt ihr Kopftuch nicht ab. „Dann müssen Sie aussteigen", sagt Thomas und öffnet die Tür. „Ich kann es nicht ändern, junge Frau, ich habe meine Vorschriften. Es könnte ja sonst jeder kommen und sich für jemanden anderen ausgeben. Dafür haben wir ja nun extra die Lichtbildausweise." Er öffnet die Tür und Dilek steigt aus.

aus: DGB-Bildungswerk (Hrsg.): Fit und kompetent – für eine interkulturelle Zukunft! Konfliktlösungen im interkulturellen Kontext. Beispiele aus Verwaltungen und öffentlichen Betrieben. Düsseldorf 2004, S. 21

Ein weiteres Beispiel für einen interkulturellen Konflikt

„Echte Fründe stonn zesamme"

Die Streifenpolizistin Bettina und ihr Kollege Kai führen eine allgemeine Fahrzeugkontrolle durch. Nach und nach winken sie immer wieder Autos aus dem Straßenverkehr und kontrollieren diese und ihre Fahrer. Gerade winkt Bettina ein Auto heraus. Sie geht zu dem Halter des Wagens und bittet ihn auszusteigen.

Im Wagen sitzen Erol und seine Freunde. Sie sind unterwegs zum Kino. Als Bettina Erol auffordert, die Papiere auszuhändigen, steigt Erol aus dem Wagen und nach ihm auch alle Freunde, die in seinem Auto saßen. Während Erol Bettina seine Papiere gibt, bilden die anderen eine Menschentraube rund um Erol, Bettina und Kai.

Bettina und Kai sind überrascht, dass nicht nur Erol, sondern die ganze Gruppe aussteigt. Jetzt sehen sie sich statt eines vier Ansprechpartnern gegenüber. Sie fühlen sich umzingelt. Bettina fordert die anderen deshalb auf, sich in den Wagen zu setzen. Statt einzusteigen kommen sie noch näher auf die beiden zu. Kai fühlt sich bedroht und schiebt einen der drei Richtung Wagen: „Jetzt setzen Sie sich in den Wagen! Wir reden jetzt erstmal mit dem Fahrer!" Die anderen drei fangen wütend an zu schimpfen: „Sie behandeln uns nur so, weil wir Ausländer sind! Einen Deutschen hätten Sie nie so angefasst! Wir sind hier ganz langsam vorbeigefahren – wir haben nichts Falsches gemacht! Sie haben uns nur rausgeholt, weil wir Ausländer sind." Die Situation eskaliert zunehmend, und Kai und Bettina sehen sich gezwungen, Verstärkung anzufordern.

aus: DGB-Bildungswerk (Hrsg.): Fit und kompetent – für eine interkulturelle Zukunft! Konfliktlösungen im interkulturellen Kontext. Beispiele aus Verwaltungen und öffentlichen Betrieben. Düsseldorf 2004, S. 15

Berechtigung: Denn die Angehörigen der dominanten Kultur wenden Normen an, die die Dominierten zur Anpassung zwingen. Den Dominanten ist gar nicht bewusst, dass ihr Verhalten und ihre Erwartungen an das Verhalten anderer sich an den Normen orientieren, die ihrer eigenen Lebensweise entgegenkommen (Weiß 2005, 7 ff.).

Die tiefste Ursache für interkulturelle Konflikte liegt wohl in der Unfähigkeit, sich in die jeweils andere Seite hineinzuversetzen. Beide Seiten verhalten sich stattdessen strategisch rational: Die Angehörigen der dominanten einheimischen Kultur bestehen darauf, dass ihr Verhalten den allgemeinen Normen entspricht, an deren Maßstab gemessen dominierte Gruppen notwendig defizitär erscheinen. Die Angehörigen der Minderheitenkulturen nutzen den einzigen Vorteil, den sie haben, zur Mobilisierung: Mit dem Vorwurf der Diskriminierung klagen sie die Vertreter der dominanten Kultur moralisch an (Weiß 2001, 104).

Konflikte in Wirtschaft und Politik

Dass es Konflikte in der Arbeitswelt zwischen Arbeitgebern und Arbeitnehmern gibt, lässt sich schlechthin nicht leugnen. Die Konflikte beziehen sich in aller Regel auf die Arbeitsbedingungen sowie auf die Entlohnung für geleistete Arbeit.

Arbeitskonflikte in den Schlagzeilen

Redakteure begehren auf

Der „Schwarzwälder Bote" wird seit 63 Tagen bestreikt

Ärzte von kommunalen Kliniken rüsten für den Streik

Vom 26. Januar an / Arbeitgeber bieten neue Verhandlungen an, aber nicht mehr Geld

Postbank-Beschäftigte gehen bundesweit in Streik

Mitarbeitern der Postbank drohen nach der Übernahme durch die Deutsche Bank Verschlechterungen. Die Gewerkschaft Ver.di hat zu Streiks aufgerufen.

FAZ vom 28.10.2011, S. 41
FAZ vom 11.1.2012, S. 9
WeltOnline vom 1.12.2011

Für jedermann sichtbar sind Konflikte in der Arbeitswelt, wenn die Gewerkschaften zu Streiks aufrufen. Eine Zuspitzung erfährt der Arbeitskampf, wenn die Unternehmen als Gegenmaßnahme Aussperrungen verhängen.

Das Streikrecht folgt nach allgemeiner Auffassung aus Artikel 9 GG. Dort ist in Absatz 3 das Recht für jedermann und für alle Berufe gewährleistet, „zur Wahrung und Förderung der Arbeits- und Wirtschaftsbedingungen Vereinigungen zu bilden." Es gibt allerdings kein Gesetz, das Regeln für Arbeitskämpfe aufstellt. Für das, was erlaubt ist oder nicht, liefert die Rechtsprechung des Bundesarbeitsgerichts in Kassel die maßgebliche Orientierung. Das Gericht hat das Streikrecht in einem hohen Maße geregelt. Die hohe Regelungsdichte bewirkt, dass ein Streik in geordneten Bahnen verläuft. Dies unterstreicht, dass Arbeitskonflikte nichts Illegales sind.

Schlagzeilen über aktuellen politischen Streit

Koalition streitet über Senkung des Solidaritätszuschlags

FDP signalisiert Bereitschaft / Ostdeutsche CDU-Politiker dagegen / Vorbereitungen für Koalitionsausschuss

Streit über die Mediation

Anrufung des Vermittlungsausschusses wahrscheinlich

Streit über die Altersvorsorge für Selbständige

CSU und FDP gegen die CDU-Arbeitsministerin / Pflichtversicherung oder Versicherungspflicht

FAZ vom 4.11.2011, S. 4
FAZ vom 26.1.2012, S. 13
FAZ vom 7.1.2012, S. 11

Varianten der Protestkultur

Fluglärmgegner planen bundesweiten Protesttag

holl. WIESBADEN, 19. Januar. Die Bürgerinitiativen gegen Fluglärm planen für den 4. Februar Demonstrationen in den Terminals der Flughäfen Frankfurt, Berlin und München. Das kündigte Ingrid Kopp, Sprecherin von rund 70 Bürgerinitiativen, gegenüber dieser Zeitung an. In Frankfurt rechne sie mit mehr als 15 000 Teilnehmern. Zuvor war ein Treffen der Initiativen mit dem hessischen Ministerpräsidenten Bouffier (CDU) ergebnislos zu Ende gegangen.

FAZ vom 20.01.2012, S. 1

Gegner des Bahnprojekts Stuttgart 21 demonstrieren am Freitag (23.03.2012) vor dem Neuen Schloss in Stuttgart.

Foto: Franziska Kraufmann dpa/lsw

Karikatur „Wir protestieren", Ivan Steiger, FAZ vom 20.01.2012, S. 1

So muss die Gewerkschaft zunächst alle zumutbaren Verhandlungsmöglichkeiten einschließlich eines Schlichtungsverfahrens beschritten haben, bevor sie den Weg des Streiks wählen darf. Dies gilt für alle Streikformen, also auch für den Warnstreik. Weiterhin dürfen zur Erreichung des Streikziels nur sachlich geeignete und notwendige Arbeitskampfmaßnahmen eingesetzt werden. So darf die Existenzvernichtung des Gegners nicht angestrebt werden. Auch muss für notwendige Notdienste gesorgt werden.

In einer wegweisenden Entscheidung vom 28. Januar 1955 begründete das Bundesarbeitsgericht eine „kollektivrechtliche Theorie" des Arbeitskampfes. Hiernach sind Streiks nicht mehr als Arbeitsvertragsbruch zu werten. Das bedeutet, dass von der Gewerkschaft beschlossene Streiks um die Arbeitsbedingungen die Arbeitgeber nicht mehr zu fristlosen Einzelentlassungen der streikenden Arbeitnehmer berechtigen. Für die Dauer der Streikteilnahme entfallen lediglich die Arbeitspflicht des Arbeitnehmers und die Vergütungspflicht des Arbeitgebers (Aufhauser, Bobke & Warga 1992, 74).

In der Demokratie sind Konflikte in der Politik an der Tagesordnung. Eine Demokratie ist institutionell geradezu so geordnet, dass politische Konflikte positiv verarbeitet werden können. So greifen die Parteien kontrovers diskutierte gesellschaftliche Probleme auf und bringen sie in den politischen Entscheidungsprozess ein. Im parlamentarischen Verfahren wird dann um Mehrheiten für einen Lösungsvorschlag gerungen. Gegenvorstellungen können frei geäußert werden. Eine gefundene Lösung wird zwar exekutiert, sie kann gleichwohl in Frage gestellt und auch revidiert werden.

Im Parlament steht die Opposition in einem Gegnerschaftsverhältnis zur Regierung. Sie sieht ihre Aufgabe darin, die Regierung zu kritisieren, zu kontrollieren und eine Alternativpolitik zu konzipieren. Es ist weiterhin ihr ständiges Bestreben, die Regierung abzulösen. Der offenkundige Sinn der Opposition besteht darin, in Widerspruch und Diskussion neue Wege zu erkunden und auf diese Weise die schöpferische Kraft der Demokratie zu erhalten. In der Demokratie ist deshalb die parlamentarische Opposition weder überflüssig noch

Internationale Konflikte in den Schlagzeilen

Wachsende Spannungen zwischen Iran und Irak

Teheran droht mit „Apokalypse" / In Jerusalem Diskussionen über Militärschlag

EU-Außenminister drohen Iran

Schweden aber gegen „starke" Maßnahmen / Chatami warnt

Streit über Falkland-Inseln

FAZ vom 4.11.2011, S. 1
FAZ vom 15.11.2011, S. 6
FAZ vom 20.1.2012 S. 5

Ausdruck einer pathologischen Entartung. Außerdem lässt sich sagen, dass dort, wo es keine frei agierende Opposition gibt, mit an Sicherheit grenzender Wahrscheinlichkeit eine Form von Diktatur vorliegt.

In der Demokratie ist es weiterhin auch völlig normal, wenn sich etwa als Reaktion auf eine Planung der Regierung in der Gesellschaft Stimmen formieren und lautstark Geltung zu verschaffen versuchen, welche diese Planung verhindern wollen. In einer totalitären Diktatur wäre ein solches Konfliktverhalten in hohem Maße freiheitsgefährdend.

Ein die Geschichte der Bundesrepublik Deutschland über mehrere Jahrzehnte begleitender politischer Konflikt bezog sich auf die Energiepolitik, speziell auf die Nutzung der Atomkraft. Sie fand für lange Zeit parlamentarische Mehrheiten. Sie rief aber auch bald nach ihrer Etablierung den entschiedenen Widerstand außerparlamentarischer Gruppen hervor.

Im Jahr 2011 rief der Konflikt um den Neubau des Stuttgarter Hauptbahnhofs in Erinnerung, dass selbst demokratisch legitimierte Planungen nicht automatisch allseitige Zustimmung in der Bevölkerung finden.

In der internationalen Politik, also in den Beziehungen zwischen den Staaten, gibt es eine Vielzahl von Konflikten mit einer Fülle von Ursachen. Bei aller Verschiedenheit ist den Konflikten gemeinsam, dass ihnen ein existentieller Interessengegensatz der Beteiligten zugrunde liegt. Der Interessengegensatz kann zu Spannungen führen, die eine krisenhafte Zuspitzung bis hin zum Ausbruch von Gewalttätigkeiten erfahren können.

Zwischenstaatliche Konflikte können entstehen, wenn es um Ansprüche auf ein Territorium oder auf natürliche Ressourcen geht. Konflikte können ihre Ursache aber ebenso im Wunsch nach Sezession oder Unabhängigkeit haben. Zu Konflikten kann es auch kommen, wenn ein Staat in einer Region nach Vorherrschaft strebt oder wenn es um den Export einer Religion oder einer Ideologie geht. Dass es so viele Konflikte mit einer friedensbedrohenden Intensität gibt, hängt mit der sogenannten „Anarchie des internationalen Systems" zusammen, d.h. mit dem Sachverhalt, dass es keine Weltregierung gibt, die den Frieden zwischen den Staaten mit Gewalt sichern könnte.

Internationale Konflikte können ganz unterschiedlich verlaufen. Ihr offener Ausbruch kann durch diplomatische Gespräche und vertrauensbildende Maßnahmen verhindert werden. Konflikte müssen also nicht die Schwelle zu offener Gewaltanwendung überschreiten. Häufig tun sie dies jedoch. Es kommt dann zu einer mit Waffengewalt geführten Auseinandersetzung. Ihre Beendigung verlangt Vermittlungen und Verhandlungen.

Ein typischer internationaler Konflikt ist der Streit um das im Kaukasus liegende Berg-Karabach. Berg-Karabach, großenteils von Armeniern bewohnt, war zur Zeit der Sowjetunion ein autonomes Gebiet innerhalb der Aserbaidschanischen Republik. Die Armenier warfen seit jeher der sowjetischen Regierung vor, Berg-Karabach um 1920 unrechtmäßig den Aserbaidschanern zugeteilt zu haben. Mit dem Zerfall der Sowjetunion verstärkten die Armenier ihre Forderungen nach einer Loslösung Berg-Karabachs von Aserbaidschan. Noch während der Sowjetzeit hatte es Auseinandersetzungen zwischen beiden Ethnien gegeben. Nachdem die Kaukasusstaaten unabhängig geworden waren, kam es zum offenen Krieg, bei

Karte von Berg-Karabach

© Clevelander, gemeinfrei

dem Armenien Berg-Karabach in der Sezession von Aserbeidschan unterstützte. Aufgrund der militärischen Überlegenheit Armeniens gelang dies auch. Im September 1991 kam es zur Gründung einer Republik Berg-Karabach. Im Jahr 1994 wurde unter Vermittlung Russlands ein Waffenstillstand vereinbart, womit die militärische Auseinandersetzung zu einem Ende kam. Die Unabhängigkeit Berg-Karabachs wird von keinem Staat, auch nicht von Armenien, anerkannt. Aserbaidschan betrachtet die 16 Prozent seines von den Armeniern besetzten Gebietes weiter als unabtrennbaren Teil seines Territoriums. Im März 2008 verabschiedete die UN-Vollversammlung mit 39 gegen sieben Stimmen bei 100 Enthaltungen eine Resolution zum Konflikt um Berg-Karabach, in der sie von Armenien einen „sofortigen und vollständigen Abzug der Truppen aus den besetzten aserbaidschanischen Gebieten" fordert.

3. Konfliktursachen, Konfliktarten und Konfliktverhalten
Antworten der Sozialwissenschaften

Es lohnt sich, einen genaueren Blick auf die Konflikte zu werfen und dabei auf die Erkenntnisse der einschlägigen Sozialwissenschaften zurückzugreifen. Man gewinnt auf diese Weise tiefere Einsichten in wichtige Aspekte des Konfliktthemas. Solche Aspekte sind die Ursachen für das Entstehen von Konflikten, die diversen Ausprägungen von Konflikten sowie schließlich die Möglichkeiten des angemessenen Konfliktverhaltens.

Zwischenmenschliche Konflikte – Die Perspektive der Psychologie

Die Psychologie befasst sich sei jeher mit der Frage, wie Menschen mit Konflikten umgehen und umgehen sollten. Ihrem Selbstverständnis folgend konzentriert sie sich dabei auf den einzelnen Menschen. Gesellschaftliche und politische Aspekte lässt sie weitgehend außer Acht.

Aus der Sicht der Psychologie stehen am Beginn eines jeden Konfliktes Differenzen. Diese Differenzen beziehen sich entweder auf die Wahrnehmung des Handelns einer anderen Person oder auf unterschiedliches Denken, Fühlen oder Wollen zweier Personen. Nun wird aus einer Differenz aber nicht zwangsläufig ein Konflikt. Wenn etwa zwei Personen ihre Differenz in einem Dialog austragen, bis sie zu einer akzeptablen Lösung gelangen, dann kommt es nicht zum Konflikt. Ein Konflikt tritt in dem Moment auf, wo die Beteiligten den auftretenden Stress nicht konstruktiv bewältigen können (Glasl 2003, 123).

Aus welchen Gründen kommt es zu Konflikten zwischen

Menschen? Die Psychologie identifiziert ein ganzes Ensemble von Konfliktanlässen. Der wichtigste Anlass ist wohl, wenn jemand meint, von anderen ungerecht behandelt worden zu sein. Eine ungerechte Behandlung kann in einer Benachteiligung oder einer willkürlichen Beeinträchtigung eigener Absichten bestehen. Ein anderer Konfliktanlass kann die Verletzung von Überzeugungen sein, die einer Person sehr wichtig sind. Ein weiterer Konfliktanlass besteht in der Verletzung von Regeln durch andere. Zu denken ist etwa an Fairness im Wettbewerb oder an Pflichten zur Hilfeleistung. Schließlich kommt es auch dann zu Konflikten, wenn ein erhobener Vorwurf oder eine Forderung nach Unterlassung, nach Wiedergutmachung oder nach einer Entschuldigung unbeachtet bleibt, zurückgewiesen wird oder mit einem Gegenvorwurf beantwortet wird (Montada 2009, 814 f., 844).

Welchen Konfliktarten sehen sich Menschen ausgesetzt? Die Psychologie unterscheidet intraindividuelle, d.h. innere, von interindividuellen, also zwischenmenschlichen Konflikten. Intraindividuelle Konflikte gibt es in zwei wesentlichen Ausprägungen, nämlich als Entscheidungs- und als Rollenkonflikte.

Entscheidungskonflikte stellen ein Individuum vor die Situation, zwischen zwei gleichwertigen Alternativen wählen zu müssen. Rollenkonflikte können in zweifacher Gestalt auftreten, nämlich als Intrarollen- und als Interrollenkonflikte. Intrarollenkonflikte bestehen darin, dass jemand in einer bestimmten Rolle Erwartungen erfüllen soll, die nicht miteinander vereinbar sind. Das ist etwa der Fall, wenn ein Buchhalter wählen muss, ob er die gesetzlichen Vorschriften beachtet oder die Anordnungen seines Chefs erfüllt, oder wenn ein Kind entgegengesetzte Anweisungen seines Vaters und seiner Mutter erfüllen soll. Ein Interrollenkonflikt entsteht, wenn eine Person unterschiedliche Rollen innehat und diese Rollen Unterschiedliches oder Entgegengesetztes verlangen. Soll eine Frau als Mutter ihrem Kind bei den Schularbeiten helfen oder als Vorsitzende des Kunstvereins eine Ausstellung vorbereiten?

Interindividuelle Konflikte lassen sich nach verschiedenen Kriterien unterscheiden. Ein Kriterium ist die Konflikttiefe.

Es gibt nämlich Konflikte um einzelne Fragen und es gibt Konflikte, in denen um Grundlegendes gerungen wird. Ein anderes Kriterium bezieht sich auf die Beschaffenheit des Konfliktgegenstandes. So drehen sich bestimmte Konflikte um Sachfragen, während andere Konflikte affektiv bestimmt sind: Man stört sich etwa an Eigenschaften oder Verhaltensweisen des Gegenübers. Nicht unwichtig ist schließlich die Frage, ob um Interessen oder Werte gestritten wird. Bei Interessenkonflikten haben die Kontrahenten dasselbe Ziele. Solche Konflikte werden in der Regel ohne moralisches Engagement ausgetragen. Das bedeutet, dass Kompromisse möglich sind. Deutlich anders verhält es sich bei Wertekonflikten, da diese nicht selten moralisch aufgeladen sind. Kompromisse sind bei Wertekonflikten eher unwahrscheinlich, geraten Kompromisse doch leicht in den Geruch einer „Schändung der Wahrheit" (Glasl 1980, 24 f.)

Die Organisationspsychologie interessiert sich insbesondere für das Konfliktpotenzial in Organisationsgebilden wie Unternehmen und Behörden. Sie hat festgestellt, dass in Organisationen vier Arten von Konflikten auftreten können. Bewertungskonflikte entstehen, wenn die Organisationsangehörigen Ziele und Strategien unterschiedlich bewerten und an ihren Bewertungen festhalten. Zu Beurteilungskonflikten kommt es, wenn die Angehörigen die Erfolgswahrscheinlichkeit einer Strategie unterschiedlich einschätzen und diese Einschätzung nicht aufgeben. Beziehungskonflikte bestehen darin, dass Angehörige gegenseitig ihre Achtung und Anerkennung verletzen. Verteilungskonflikte werden ausgelöst, wenn die Ressourcen der Organisation knapp sind, also nicht für alle gleichmäßig ausreichen (Berkel 2006, 671).

Menschen gehen mit Konflikten ganz unterschiedlich um. Die Psychologie hat eine Reihe typischer Verhaltensmuster aufgestellt. Berechenbar ist das Konfliktverhalten gleichwohl nicht. Wie Menschen nämlich in Konflikten agieren, hängt von vielen Faktoren, darunter auch persönlichen, ab. Ein Faktor ist auf jeden Fall die im Konflikt liegende Spannung. Während zu wenig Spannung keine Aktivität auslöst, kann zu viel Spannung leicht zu Überreaktionen führen.

Grundsätzlich ist zu berücksichtigen, dass in Konflikten mit genügend Spannungspotential alltägliche Orientierungsmuster versagen. Die in einem Konflikt liegende Spannung induziert deshalb bei den Beteiligten vielfältige psychische Prozesse. Sie sondieren Optionen, taxieren Gewinn und Verlust und suchen die Absichten der Gegenseite herauszufinden. Dies ist schwierig genug. Denn Konflikte stellen Situationen mit hohem Handlungsdruck dar. In der Regel hat der Betroffene nur wenig Zeit, die er für Reflexion und Interpretation von Erfahrungen und für die Planung eigenen Handelns zur Verfügung hat. Das ist deshalb so, weil Konfliktparteien oft spontan auf unmittelbar vorausgegangene oder gar nur erwartete Ereignisse reagieren.

Nicht zu vergessen ist, dass in spannungsgeladenen Konflikten Emotionen und Affekte das Handeln der Beteiligten begleiten. Die Unüberschaubarkeit der Situation und die als unkalkulierbar empfundene Bedrohung durch den Konfliktgegner lassen das Gefühl der Ohnmacht, der Verunsicherung wie auch der Angst und gegebenenfalls der Wut entstehen. Dieses Gefühl möchte jeder schnell beseitigen. Die Folge kann ein entdifferenziertes kognitives Verhalten sein. Das meint konkret, dass sich Wahrnehmung und Denken der betroffenen Person verengen. Sie bevorzugt dann kontrastverschärfende Informationen. Sie wählt also diejenigen Wahrnehmungsinhalte aus, die das bestehende, in der Regel negative Bild des Gegners bestärken. Ihre Neigung zum „Schwarz-Weiß-Denken" und zu Entweder-Oder-Lösungen nimmt zu. Im Gegenzug sinkt ihre Fähigkeit, sich in die Position des Kontrahenten einzufühlen und diese zu verstehen. Insgesamt steigt die Gefahr, dass es zu Kurzschlussreaktionen und zur Gewaltanwendung kommt (Eckert & Willems 1992, 49 f.).

Es lassen sich drei prinzipielle Reaktionsweisen auf Konfliktsituationen unterscheiden. Man kann sie als „Angriff", als „Rückzug" und als „Konfliktfähigkeit" bezeichnen. Eher spontane und damit wenig durchdachte Reaktionen auf Konfliktsituationen sind der Angriff und der Rückzug. Die Angriffsmittel reichen von empörten Vorwürfen über Drohungen bis hin zu Schädigungen der Gegenseite. Rückzugsmittel sind Distanzierungen bis hin zum Abbruch der Beziehung. Bei einem Angriff entsteht das Risiko, dass der Konflikt ohne Friedensschluss beendet wird. Die Beziehung zum Konfliktgegner bleibt dann auf Dauer belastet. Beim Rückzug wird der Konflikt auch nicht wirklich beendet. Er löst sich nur insofern auf, als die Beteiligten nicht mehr miteinander kommunizieren. Wie der Name schon ausdrückt, bezeichnet die Konfliktfähigkeit eine positive Einstellung zu Konflikten. Verfügt eine Person über diese Fähigkeit, bestehen Chancen, den Frieden wiederherzustellen (Montada 2009, 817).

Angriff	Konfliktfähigkeit	Rückzug
Der Konflikt wird als Herausforderung wahrgenommen. Man erlebt sich als kraftvoll.	Man spricht sich die Fähigkeit zu, die Konfliktenergie in positive Bahnen zu lenken.	Konflikte sind unangenehm. Sie machen nur Ärger und kosten Kraft.
Konflikte sind die Grundlage jeglicher Weiterentwicklung.	Konflikte helfen, Stagnation, also Stillstand, zu überwinden. Sie bieten Chancen, eine Situation besser zu gestalten.	Konflikte sind eine Bedrohung. Sie können viel zerstören. Am besten ist es zu schweigen.
Nur mittels Angriff kann ich meine Interessen durchsetzen. Ich werde es ihnen schon zeigen.	Differenzen zwischen den Menschen sind natürlich. Es bereichert alle Beteiligten, sich mit den unterschiedlichen Sichtweisen auseinanderzusetzen.	Wenn man Differenzen zwischen Menschen anspricht, dann schafft man erst recht Fronten, die alles nur noch verhärten.
„Heißer Konflikt": positives Selbstbild. Man ist von den eigenen Zielen und der eigenen Redlichkeit überzeugt.	„Effektives Konfliktmanagement": Man strebt eine rationale Auseinandersetzung mit den unterschiedlichen Wahrnehmungen an.	„Kalter Konflikt": negatives Selbstbild. Man resigniert angesichts der als aussichtslos angenommenen eigenen Position.

nach Wellhöfer 2007, 76

Soziale Konflikte
– Die Perspektive der Soziologie

Thema der Soziologie sind nicht die individuellen, sondern die sozialen Konflikte. Mit sozialen Konflikten sind die Interessengegensätze und die die daraus folgenden Auseinandersetzungen und Kämpfe zwischen Gruppen, vor allem zwischen Schichten und Klassen, gemeint.

Nicht alle, aber viele soziale Konflikte sind dadurch gekennzeichnet, dass die Beteiligten versuchen, durch den Einsatz von Macht- und Einflussmitteln dem Gegner einen Nachteil zuzufügen. Soziale Konflikte sind nämlich häufig Verteilungskonflikte, bei denen der eine gewinnt, was der andere verliert. Die Existenz eines sozialen Konfliktes bedeutet jedoch nicht zwangsläufig, dass die Beziehungen zwischen den konfligierenden Parteien ungeregelt oder gar feindlich sind. Manche Konfliktbeziehungen sind sogar institutionalisiert bzw. rechtlich normiert, wie etwa die Auseinandersetzungen zwischen den Tarifparteien, also einer Gewerkschaft und einem Arbeitgeberverband.

Welche Ursachen haben soziale Konflikte? Mit dieser Frage hat sich immer wieder Ralf Dahrendorf befasst. Dahrendorfs grundlegende Antwort auf die Frage lautet, dass alle Gesellschaften in sich ständig Antagonismen erzeugen. Weder entstehen diese Antagonismen zufällig noch können sie willkürlich beseitigt werden. So gibt es mit widersprüchlichen Erwartungen ausgestattete soziale Rollen. Es gibt regionale und konfessionelle Unterschiede. Es gibt ethnische Unterschiede. Es gibt soziale Ungleichheiten. Und es gibt die Scheidung in Herrschende und Beherrschte. Alle genannten Unterschiede enthalten in sich ein Potenzial für den Ausbruch sozialer Konflikte (Dahrendorf 1974, 273).

In der Ungleichheit sieht Dahrendorf eine besonders wichtige Konfliktursache. Dabei kann sich die Ungleichheit auf ganz Unterschiedliches beziehen. Es kann die Ungleichheit des Einkommens oder des Prestiges sein: also der Konflikt zwischen denen, die mehr oder weniger als 3.000 Euro verdienen. Oder der Konflikt zwischen hoch angesehenen Facharbeitern und einfachen Hilfsarbeitern. Oder der Konflikt zwischen den Beamten des höheren und des gehobenen Dienstes. Es kann aber auch die Ungleichheit sein, die sich aus der Verteilung des Privateigentums an Produktionsmitteln ergibt: Daraus resultiert der Konflikt zwischen dem „besitzenden Kapitalisten" und den „besitzlosen Proletariern" (Dahrendorf 1972, 31 f.).

Dahrendorf ist der Auffassung, dass sich die meisten sozialen Konflikte letztlich auf die Herrschaftsstruktur in der Gesellschaft zurückführen lassen. Herrschaft bedeutet nämlich ungleiche Verteilung von Macht. Das meint: Wo immer Menschen sich in Gesellschaften zusammenschließen, gibt es die einen, welche innerhalb bestimmter Bereiche im Hinblick auf bestimmte andere Befehlsgewalt haben, und andere, die diesen Befehlen gehorchen müssen. Diese Situation produziert deshalb die Konflikte, weil die einen das Recht besitzen, die Lebenschancen von anderen zu kontrollieren. Dies ruft den Widerstand der anderen hervor. Sie versuchen, ihre Lage in Auseinandersetzung mit den jeweils Herrschenden zu verbessern. Dahrendorf verkennt nicht, dass es noch andere Konfliktursachen gibt. Er nennt unter anderem das Bedürfnis nach Verbesserung der eigenen Position im Verhältnis zu anderen und die Spannung zwischen der Eigen- und der Fremdgruppe, d.h. den Minderheitenkonflikt (Dahrendorf 1972, 32 ff.).

Die Soziologie hat ein ganzes Begriffsarsenal entwickelt, um die bunte Fülle sozialer Konflikte angemessen benennen zu können.

So unterscheidet sie zum einen latente und manifeste Konflikte. Ein *latenter Konflikt* ist ein noch nicht offen ausgebrochener Konflikt. Da er aber einen objektiven Gegensatz zwischen zwei Parteien ausdrückt, kann er sich jederzeit in einen *manifesten Konflikt* wandeln, bei dem die Gegensätze offen ausgetragen werden.

Die Soziologie unterscheidet weiterhin zwischen institutionalisierten und nichtinstitutionalisierten Konflikten. *Institutionalisierte Konflikte* sind sozial anerkannte Konflikte. Sie werden auf geregelte Weise ausgetragen. Ihr Verlauf ist deshalb weitgehend vorhersagbar. *Nichtinstitutionalisierte Konflikte* kennen keinen geregelten Konfliktaustrag. Ihr Verlauf ist daher auch nicht berechenbar.

Eine dritte Unterscheidung ist die zwischen echten und unechten Konflikten. *Echte Konflikte* sind dadurch gekennzeichnet, dass zumindest einer der Kontrahenten bestimmte Ziele gegen den anderen durchzusetzen versucht, also seinen

Status verbessern will oder ein höheres Einkommen zu erlangen versucht. Echte Konflikte sind also ein Mittel der Interessenverwirklichung. Dagegen gibt es bei *unechten Konflikten* keinen echten Gegensatz. Sie sind zumeist Ausdruck diffuser Aggressionen und erfüllen zumindest für einen Kontrahenten einen Selbstzweck, nämlich die Entladung von Spannungen. Der Konfliktgegner ist dabei im Grunde auswechselbar (Coser 1972, 57 f.).

Eine vierte Unterscheidung bezieht sich auf funktionale und dysfunktionale Konflikte. *Funktionale Konflikte* stabilisieren die Gesellschaft. *Dysfunktionale Konflikte* sind hingegen destruktiv. Sie beeinträchtigen das gesellschaftliche Zusammenleben.

Die Soziologie kennt ferner *unterdrückte Konflikte*. Damit sind unterschwellige Konflikte in stark integrierten Gruppen gemeint. Konflikte zwischen den Gruppenmitgliedern werden unterdrückt, weil feindselige Äußerungen als Gefährdung der Gruppe empfunden und daher untersagt werden. Kommt es dennoch zum Konfliktausbruch, wird der Konflikt zumeist unverhältnismäßig aggressiv ausgetragen. In Verbindung hiermit steht das Kriterium der *Konfliktintensität*. Konflikte in Gruppen mit einem affektiv-neutralen Selbstverständnis sind weniger hart und heftig als Konflikte in Gruppen mit affektiver Bindung, die zudem die ganze Persönlichkeit ihrer Mitglieder in Anspruch nehmen. Dies wird sofort ersichtlich, wenn man Konflikte in einem Sportverein mit denen innerhalb einer religiösen Sekte vergleicht (Coser 1972, 80).

Die Soziologie klassifiziert die Konflikte nach dem Rangverhältnis der an einem Konflikt beteiligten Akteure. So gibt es Konflikte zwischen prinzipiell Ranggleichen, etwa zwischen Protestanten und Katholiken sowie Flamen und Wallonen. Es gibt weiterhin Konflikte zwischen unter- und übergeordneten Gruppen. Zu denken ist hierbei an Konflikte zwischen Vorgesetzten und Untergebenen sowie Freien und Sklaven. Schließlich gibt es Konflikte zwischen dem Ganzen und einem Teil, etwa zwischen den Südtirolern und dem italienischen Staat sowie zwischen Griechenland und der Europäischen Union (Dahrendorf 1972, 25).

Die Vielzahl möglicher Anlässe für soziale Konflikte führt die Soziologie auf drei Grundkonstellationen zurück, die sie Machtkonflikt, Interessenkonflikt und Wertekonflikt nennt. Ein *Machtkonflikt* liegt vor, wenn der eine Akteur den anderen durch Gewalt zu verdrängen versucht und als Ergebnis dieser Bemühung der eine gewinnt, was der andere verliert. Ein *Interessenkonflikt* liegt vor, wenn zwei Akteure mit gleicher Zielsetzung oder Werteorientierung vor einer Mangelsituation stehen. Beide wollen dasselbe Gut haben oder dasselbe Übel abwenden. Diese Übereinstimmung im Ziel erlaubt es ihnen, den wechselseitigen Nutzen und die wechselseitigen Kosten eines möglichen Kompromisses nüchtern auszuhandeln. Dies funktioniert aus drei Gründen: Erstens sind beide Seiten an der Nutzung derselben Ressource interessiert. Zweitens gibt es zwischen den Beteiligten keine unüberbrückbaren ideologischen Gegensätze. Drittens haben sie keinen Grund, ihre Beziehungen abzubrechen. Ein *Wertekonflikt* beruht auf einer Uneinigkeit bezüglich wichtiger Werte und Normen. Wenn die Beteiligten ihre Überzeugungen ernst nehmen, was der Regelfall ist, sind sie kaum zu Kompromissen bereit. Wertekonflikte enthalten somit eine Tendenz zur Ideologisierung, d.h. zur Schärfe, wenn nicht gar zur Unversöhnlichkeit (Bühl 1995, 1235).

Konflikte können in ihrem Verlauf ihre Form ändern. Was als Interessenkonflikt begonnen hat, kann sich zu einem Machtkonflikt oder zu einem Wertekonflikt ausweiten. Eine solche Transformation mindert die Chancen einer baldigen Konfliktbeendigung. Denn Interessenkonflikte sind am besten zu handhaben, da sie am ehesten Kompromisslösungen zulassen. Reale Konflikte sind jedoch häufig von Beginn an gemischte Konflikte. In ihnen mischen sich etwa Interessen- und Machtdurchsetzung oder Machtwille und ideologische Überzeugung.

Bei aller Problematik von Macht- und Wertekonflikten misst die Soziologie sozialen Konflikte doch überwiegend eine positive Funktion zu. Konflikte, so die verbreitete Auffassung, verhindern gesellschaftliche Stagnation. Denn sie sind in gewisser Weise Indikatoren gesellschaftlicher Problemlagen.

Der von ihnen ausgehende Druck zwingt die Beteiligten zur Suche nach Lösungen. Konflikte sind damit die Wurzel gesellschaftlicher Veränderungen.

Die permanente Aufgabe, der Sinn und die Konsequenz sozialer Konflikte liegt folglich darin, den Wandel der Gesellschaft oder von Teilen der Gesellschaft aufrechtzuerhalten und zu fördern. Das bedeutet: Wo Konflikte fehlen, auch unterdrückt oder scheinbar gelöst werden, wird der Wandel verlangsamt oder gar aufgehalten. Wo umgekehrt Konflikte anerkannt und geregelt werden, bleibt der Prozess des Wandels als allmähliche Entwicklung erhalten. Generell liegt in Konflikten also eine schöpferische Kraft. Konflikte sind ein an Bedeutsamkeit kaum zu überschätzendes Lebenselement der Gesellschaft (Dahrendorf 1974, 272).

Politische Konflikte
– Die Perspektive der Politikwissenschaft

Die Politikwissenschaft befasst sich mit politischen Konflikten, also denjenigen Konflikten, die im Rahmen des demokratischen Willensbildungs- und Entscheidungsprozesses auftauchen. Der Willensbildungsprozess spielt sich im Vorfeld der staatlichen Institutionen vornehmlich zwischen den Parteien und zwischen den Interessenverbänden ab. In diesem Prozess geht es um die Vorformung des danach im Entscheidungsprozess rechtsverbindlich gemachten politischen Willens. Der Entscheidungsprozess selbst findet im staatlichen Institutionensystem statt. Seine Akteure sind vor allem das in Regierungs- und Oppositionsfraktionen gegliederte Parlament sowie die Regierung. Beide Prozesse werden von den Massenmedien kommentierend und kontrollierend begleitet.

Die Politikwissenschaft greift die aus der Soziologie stammende Unterscheidung in Macht-, Interessen- und Wertekonflikte auf. Sie modifiziert und akzentuiert diese Konflikttypen so, dass die Besonderheiten politischer Auseinandersetzungen zum Ausdruck kommen. So unterscheidet die Politikwissenschaft politische Konflikte in Kämpfe, Spiele und Debatten.

Kämpfe sind existentielle Auseinandersetzungen zwischen

den Kontrahenten. Es geht in einem Kampf also nicht um die Durchsetzung einer inhaltlichen Position im Rahmen des politischen Willensbildungsprozesses. Konfliktgegenstand ist vielmehr die Existenz des Gegners. Er muss folglich bekämpft werden. Ziel des Kampfes ist es, den Gegner zu verletzen, zu unterwerfen oder zu vertreiben. Im Extremfall muss er sogar vernichtet werden. Kämpfe sind typisch für Zeiten revolutionärer Veränderungen. In abgeschwächter Form kommen sie aber auch im politischen Alltag der Demokratie vor. Das ist etwa der Fall, wenn die Existenzberechtigung des politischen Gegners in Frage gestellt wird. Oder wenn die Integrität seines Spitzenpersonals bezweifelt wird.

Spiele sind Konflikte zwischen Akteuren, die in einer Konkurrenzsituation um den Erwerb knapper Güter stehen. Man spricht von Spielen, weil die Beteiligten wie in einem Spiel agieren. Sie stellen fortlaufend Überlegungen an, wie sie in der Auseinandersetzung mit dem Gegner ihren Vorteil wahren können. In dieser Auseinandersetzung können sie sich für eine kooperative oder eine kompetitive Strategie entscheiden. In jedem Fall geht es ihnen darum, gegenüber dem Gegner den Zug zu wählen, der den größten individuellen Nutzen verspricht. Die Konfliktparteien verstehen sich mithin als rationale, strategisch kalkulierende Akteure. Die Existenz des Gegners ist jedenfalls nicht konfliktauslösend. Der Gegner wird lediglich als mögliche Einschränkung bei der Verwirklichung der eigenen Absichten gesehen. Spiele sind kennzeichnend für die Auseinandersetzung zwischen den Interessenverbänden in einer Demokratie.

Debatten sind geistige Auseinandersetzungen um die Wahrheit. Im politischen Kontext liegen diesen Auseinandersetzungen unvereinbare Differenzen über politische Werte, Ziele und Zwecke zugrunde. In Debatten ist der Konfliktgegner der Andersdenkende, der überzeugt werden muss. Das Ziel der Konfliktparteien ist also, die eigene Auffassung so wirkungsvoll zur Geltung zu bringen, dass der Gegner sie übernimmt und seinen Standpunkt aufgibt. Im Extremfall können Debatten unfriedliche Formen annehmen, wenn nämlich der Gegner mit Gewalt zur „richtigen" Überzeugung gebracht werden soll. Zu Debatten kommt es vorzugsweise in Zeiten politischer Umbrüche. Solche Zeiten bieten Gelegenheit, über grundlegende Alternativen der Politik zu streiten. Debatten bestimmen in abgeschwächter Form jedoch auch den parlamentarischen Alltag (Schimmelfennig 1995, 35 ff.).

Für die Politikwissenschaft steht fest, dass die politischen Konflikte ihre tiefste Ursache im *Pluralismus* der modernen Gesellschaft haben. Pluralismus bedeutet ganz allgemein Verschiedenheit. Verschiedenheit kennzeichnet die moderne Gesellschaft in mehrfacher Hinsicht. Es gibt eine Pluralität von Meinungen und Wahrheitsansprüchen, eine Pluralität der Interessen sowie eine Pluralität ethnischer Zugehörigkeiten. Pluralistische Gesellschaften sind folglich konflikt- und potentiell auch gewaltträchtige Gesellschaften. In solchen Gesellschaften ist es eine zentrale zivilisatorische Aufgabe, Formen der Koexistenz zu finden, die es erlauben, dass die anhaltenden Konflikte ohne Androhung und Anwendung von Gewalt ausgetragen werden. Ohne solche Formen würde es in diesen Gesellschaften zu potentiell gewaltsamen Dauerkonflikten, zu bürgerkriegsähnlichen Zuständen oder zu tatsächlichen Bürgerkriegen kommen.

Die pluralistischen Gesellschaften haben glücklicherweise politische Ordnungen entwickelt, die das friedliche Zusammenleben gewährleisten. Diese Ordnungen, die man *pluralistische Demokratie* nennt, zeichnen sich durch eine Fülle institutionalisierter Formen der Konfliktartikulation, des Konfliktmanagements und der Konfliktlösung aus. In der pluralistischen Demokratie werden Konflikte also von vornherein als „normal" und legitim erachtet (Senghaas 1995, 196 ff.).

Die pluralistische Demokratie gestattet ihren Bürgern, um die Förderung ihrer Interessen besorgt zu sein. Sie ermuntert die Bürger sogar dazu, dies zu tun und sich zu diesem Zweck in Interessenverbänden zusammenzuschließen. Pluralismus bedeutet deshalb zum einen vor allem Vielfalt und Konkurrenz der Interessenverbände. Es leuchtet ein, dass diese Konkurrenz leicht in Konflikte umschlagen kann, wenn es um die Verteilung knapper Ressourcen geht. Die pluralistische Demokratie kennt zum anderen einen von autonomen Akteuren geführten

offenen politischen Willensbildungsprozess. Dahinter steht die Vorstellung eines Gemeinwohls, das nicht vorgegeben ist, sondern eine Art Resultante aus dem Parallelogramm der an der Willensbildung beteiligten ökonomischen, gesellschaftlichen und ideellen Kräfte darstellt. Das Ergebnis dieses Prozesses kann dann als Gemeinwohl bezeichnet werden, wenn es einen optimalen Ausgleich der divergierenden Gruppeninteressen ausdrückt (Fraenkel 1991, 271 ff.).

Ein genauer Blick in die Wirklichkeit der pluralistischen Demokratien zeigt jedoch, dass der für das Gemeinwohl erforderliche optimale Ausgleich der Gruppeninteressen nicht

so einfach zustande kommt. Der Grund hierfür ist die *unterschiedliche Konfliktfähigkeit* der Gruppen. Die Konfliktfähigkeit ist eine wichtige Voraussetzung dafür, bei der Gemeinwohlfestlegung berücksichtigt zu werden. Das bedeutet im Umkehrschluss: Wer nicht konfliktfähig ist, vermag keinen oder nur geringen Einfluss auf die Gemeinwohlpolitik zu nehmen. Die Konfliktfähigkeit bemisst sich daran, ob eine Gruppe kollektiv eine Leistung verweigern kann, auf die die Gesellschaft angewiesen ist. Um konfliktfähig zu sein, genügt es manchmal schon, dass man die Leistungsverweigerung glaubhaft androhen kann. Während etwa die Gewerkschaften konfliktfähig sind, gilt dies nicht für die Verbraucherschutzverbände (Offe 1969, 169).

Die unterschiedliche Konfliktfähigkeit ändert nichts an dem Grundsachverhalt, dass die pluralistische Demokratie vom politischen Streit lebt. Wie das Bundesverfassungsgericht einmal festgestellt hat, fehlt dieser Demokratie ohne öffentlichen Meinungsstreit sogar ein konstituierendes Merkmal (BVerfGE 7, 198 (208)). Wer also in dieser Demokratie Politik betreibt, muss damit leben, dass seine Lösungsvorschläge von anderen kritisiert werden. Er muss sich mit Vertretern entgegengesetzter Überzeugungen streiten und seine Position gegen Widerstände durchzusetzen versuchen. Bei alledem ist der politische Streit kein persönlicher Streit. Der politische Streit ist strukturell bedingt. Er hat seinen Grund in der Unterschiedlichkeit von Lebensverhältnissen und Auffassungen über das Gemeinwohl (Sutor 2011, 26).

Es lässt sich also feststellen, dass die pluralistische Demokratie ganz wesentlich auf der Chance zum Dissens beruht. In dieser Demokratie agieren Parteien, die unterschiedliche Profile und damit Kontraste vertreten. Man könnte ergänzend hinzufügen, dass im Begriff der Partei schon die Wurzel des unvermeidlichen Parteienstreites liegt. Denn eine Partei ist definitionsgemäß nur Teil eines Ganzen (Leggewie 1990, 55). Weiterhin repräsentieren die Parlamente geradezu das Gemeinwesen in seinen Auseinandersetzungen über den richtigen politischen Weg. Überhaupt ist das gesamte Institutionengefüge der Demokratie darauf ausgerichtet, den politischen Streit zu kanalisieren und einer Lösung zuzuführen (Oberreuter 1990, 77 f.).

Zwar ist der Konflikt ein Lebenselixier der pluralistischen Demokratie; bestünde sie jedoch nur aus Konflikten, wäre sie nicht überlebensfähig. Sie leidet in gewisser Weise sogar unter der ständigen, ihr geradezu innewohnenden Gefahr, dass die Konflikte sich so vertiefen, dass sie das Gemeinwesen zu zerstören drohen. Der pluralistischen Demokratie stellt sich deshalb die Frage, wie sie gewährleisten kann, dass ein gewisses Maß an Übereinstimmung in Grundfragen die potentiell gesellschaftssprengenden Auswirkungen der Konflikte auffangen kann. Sie braucht mithin einen Konsens, darf jedoch keinen totalen Konsens etablieren. Sie muss die Balance zwischen Konsens und Konflikt vielmehr so wählen, dass der Konsens sich nicht auf Kosten der Freiheit und der Konflikt sich nicht auf Kosten der Einheit des Gemeinwesens durchsetzt (Eisel 1986, 21, 25).

Zum üblichen Konsensbereich der pluralistischen Demokratie gehören die Achtung der Menschenwürde und die

Anerkennung der Menschenrechte, die Anerkennung demokratischer Spielregeln, insbesondere des Mehrheitsprinzips, und die Anerkennung des staatlichen Gewaltmonopols.

Internationale Konflikte – Die Perspektive der Internationalen Beziehungen

Innerhalb der Politikwissenschaft hat sich mit den Internationalen Beziehungen eine Teildisziplin herausgebildet, die sich mit Fragen und Problemen der internationalen Politik befasst. Dabei bilden die Beziehungen zwischen den Staaten einen besonders wichtigen Gegenstand des Nachdenkens. Denn diese Beziehungen sind häufig durch Konflikte bestimmt.

Unter den Vertretern der Internationalen Beziehungen herrscht allerdings keine Einigkeit darüber, was als Konflikt zu betrachten ist. Die Schwierigkeiten in der Entwicklung eines brauchbaren Konfliktbegriffes liegen nämlich in der Abgrenzung eines Konfliktes von einem Nicht-Konflikt. Ab wann liegt in der vielschichtigen und wechselhaften Beziehung zwischen zwei Staaten überhaupt ein Konflikt vor? Sind Beziehungen zwischen Staaten nicht grundsätzlich immer konflikthaft? Die Folge dieses definitorischen Problems ist, dass es einen weiten und einen engen Konfliktbegriff gibt.

Gemäß dem *weiten Konfliktbegriff* ist jede soziale Beziehung und damit auch jede Beziehung zwischen Staaten konflikthaft. Denn in jeder Beziehung gibt es Unterschiede zwischen den Beteiligten. Diese Unterschiede verlangen einen Ausgleich. Damit liegt ein Konfliktanlass vor. Das bedeutet: Jede Positionsdifferenz, die es zwischen Handlungssubjekten gibt, hat als Konflikt zu gelten. Dabei ist es unerheblich, ob sich diese Differenz auf Interessen, Haltungen, Verhaltensweisen oder Meinungen bezieht. Konfliktfreie Beziehungen existieren damit praktisch nicht. Die Konflikte unterscheiden sich nur bezüglich des jeweils strittigen Gegenstandes, der Intensität der Auseinandersetzung wie auch durch die Art und Weise der Konfliktregelung (Czempiel 1975, 91).

Der Vorteil des weiten Konfliktbegriffes liegt darin, dass er es erlaubt, die gesamte Breite zwischenstaatlicher Interaktionen letztlich als Konfliktbearbeitung zu interpretieren. Wenn also zwei Staaten ein Abkommen über die gegenseitige Anerkennung von Bildungsabschlüssen schließen, dann gleichen sie offenkundig eine Positionsdifferenz hinsichtlich ihrer kulturellen Standards aus.

Vor dem Hintergrund des weiten Konfliktbegriffes lassen sich die Modalitäten der Regulierung von Konflikten zwischen Staaten nach dem Grad der angewendeten Gewalt in eine Reihenfolge bringen. Dabei markieren kriegerische Maßnahmen das eine und die Unterwerfung unter internationales Recht das andere Extrem. Dazwischen rangieren der in Verhandlungen erreichte Kompromiss und die beidseitige Anpassung in Form von Abkommen und Verträgen. Diese Konfliktaustragungsmodalitäten spiegeln im Grunde nur die Beziehungsmuster der internationalen Beziehungen wider. Diese Muster reichen von der offenen Feindschaft über Hegemonie, Koexistenz, Kooperation bis hin zur Integration.

Konfliktaustragungsmodalitäten in den internationalen Beziehungen

Prozessmuster / Austrag	Feindschaft	Hegemonie	Koexistenz	Kooperation	Integration
Modus	Direkte Gewalt	Indirekte Gewalt	Kompromiss	Beidseitige Anpassung	Gemeinsames Recht
Mittel	Krieg Blockaden	Druck Militärische Drohungen Ökonomische Drohungen	Konferenzen Verhandlungen	Gegenseitige Hilfe Abkommen Verträge	Abstimmungen in gemeinsamen Gremien

nach Czempiel 1975 in Haftendorn, S. 92; Begriffe leicht verändert

Aus der Perspektive des *engen Konfliktbegriffes* ist der weite Konfliktbegriff viel zu unbestimmt gefasst. Die Vertreter eines engen Konfliktverständnisses sehen den Konflikt in einer nahen Beziehung zum Wettbewerb. Für sie ist der Konflikt nämlich eine Wettbewerbssituation, in der sich die Parteien der Unvereinbarkeit ihrer Positionen bewusst sind und in der jede Partei den Wunsch hat, den Wettbewerb für sich zu entscheiden. Es muss aber noch mehr hinzukommen, um von einem Konflikt sprechen zu können. Gemeint ist zum einen die Entstehung eines kritischen Spannungszustandes zwischen den Beteiligten. Gemeint ist zum anderen die Bereitschaft der Akteure, das existierende Beziehungsgefüge notfalls aufs Spiel zu setzen. Nimmt man die einzelnen Momente zusammen, dann ist ein Konflikt ein Prozess, in dessen Verlauf unvereinbare oder unvereinbar erscheinende Handlungsabsichten eine kritische Spannung erzeugen. Der Konflikt ist in dem Moment virulent, in dem den Akteuren die Unvereinbarkeit ihrer Positionen bewusst wird, dieses Bewusstsein ihr Handeln bestimmt und das Handeln die bisherige friedliche Beziehung potentiell oder aktuell gefährdet (Link 1979, 33 ff.).

Es liegt auf der Hand, dass der enge Konfliktbegriff kritische Situationen in den Staatenbeziehungen, also etwa Krisen, besonders gut zu erfassen vermag. Krisen markieren häufig den Beginn der Eskalation einer vormals unauffälligen sachlichen Differenz. Eine Krise ist mithin eine Situation erhöhter Spannung zwischen zwei Staaten. Krisen werden als bedrohlich wahrgenommen. Das Bedrohungsgefühl resultiert aus der großen Unsicherheit über das Verhalten der Gegenseite wie auch generell über die weitere Entwicklung. Darüber hinaus zeichnen sich Krisen dadurch aus, dass die Akteure meinen, unter einem erhöhten Zeitdruck für ihre Entscheidungen zu stehen. Das hat zur Folge, dass die Entscheidungen tatsächlich schneller und daher mit höherer Selektivität an Informationen gefällt werden. Hierin wurzelt dann eine weitere Eskalationsgefahr (Lemke 2008, 83).

Die internationalen Beziehungen sind anders als die innerstaatlichen Verhältnisse durch einen Zustand der *Anarchie* bestimmt. Damit soll ausgedrückt werden, dass es keine Weltregierung gibt, die mit überlegenen Machtmitteln das friedliche und kooperative Verhalten der Staaten erzwingen kann. Die Anarchie führt zu einem Zustand allgemeiner Unsicherheit unter den Staaten. Kein Staat kann sich nämlich des friedlichen Verhaltens der anderen Staaten sicher sein. Die verbreitete Unsicherheit bringt als chronisches Strukturproblem der Staatenwelt das sogenannte *Sicherheitsdilemma* hervor. Es zeigt sich in einem starken Misstrauen jedes Staates gegenüber seinen Nachbarn und der internationalen Umwelt insgesamt. Das Misstrauen löst intensive Verteidigungsvorbereitungen aus. Da jeder dem anderen misstraut, sind Rüstungswettläufe die Folge. Unter diesen Voraussetzungen können Konfliktlagen leicht in kriegerische Auseinandersetzungen umschlagen.

Das Sicherheitsdilemma kann weitgehend verschwinden, wenn Staaten intensiv miteinander kooperieren oder sich vertraglich verflechten oder in internationalen Organisationen zusammenwirken. Denn die organisierte Kooperation garantiert ein bestimmtes gegenseitiges Mindestverhalten. Zumindest schafft sie eine bessere oder verlässlichere Information über das Verhalten der jeweils anderen Staaten (Czempiel 2004, 13).

Doch auch unabhängig vom Sicherheitsdilemma bleiben genügend Konfliktanlässe in der Staatenwelt bestehen. So gibt es ethnisch sowie religiös-kulturell begründete Spannungen zwischen Nachbarstaaten. Es gibt Gereiztheiten, die in wirtschaftlichen oder finanziellen Ungleichgewichten ihren Grund haben können. Es kann auch Uneinigkeit über einen Grenzverlauf geben. Die Staaten können in solchen Situationen versuchen, den Konflikt zu lösen oder wenigstens zu regulieren.

Eine *Konfliktlösung* bezieht sich auf den Kern des jeweiligen Konfliktes, also auf die strittige Sache selbst. Es gibt drei Möglichkeiten der Konfliktlösung: Entweder setzt sich eine Seite gewaltsam oder friedlich durch. Oder es wird ein Kompromiss erzielt. Oder eine oder beide Seiten ändern sich evolutionär oder revolutionär derart, dass sich der Konfliktanlass verringert oder sogar aufhebt (Roloff 2002, 107).

Bei einer *Konfliktregulierung* hält man eine Lösung des Konfliktes für nicht möglich. Man begnügt sich damit, die Beziehung zum Konfliktgegner zu überdenken und gegebenenfalls zu ändern. Es gibt vier Möglichkeiten der Konfliktregulierung. Es handelt sich um die Regression, die Isolation, die Revolution und die Integration. Bei der Regression mindert der Staat die Intensität seiner Beziehung zum Konfliktgegner. Es kommt also zu einer Abgrenzung. Bei der Isolation zieht sich der Staat völlig aus der Beziehung zurück. Die Isolation ist also eine Verschärfung der Regression. Bei der Revolution geht es um die kämpferische Sprengung der Beziehung, um deren Neugestaltung zu bewirken. Bei der Integration geht es um eine Intensivierung und Verdichtung der Beziehung. Sie setzt mithin auf Kooperation (Link 1979, 38; 2004, 371).

Das oberste Ziel der politischen Bemühungen auf dem Feld der internationalen Politik ist der Frieden. Hierüber besteht Einigkeit unter den Staatsmännern der Welt wie auch unter den Vertretern aller Wissenschaften. Frieden heißt dabei zunächst nicht mehr als Abwesenheit von Krieg und gewaltsamen Konflikten. Die Wissenschaft von den Internationalen Beziehungen ist sich allerdings nicht einig darüber, was Frieden genau bedeutet.

Es stehen sich zwei Friedensbegriffe gegenüber, nämlich „Frieden als Verfahren" und „Frieden als Zustand". Das Konzept des Friedens als Verfahren steht in der Tradition eines Konfliktdenkens, das man im weitesten Sinne als liberal bezeichnen kann. Das Konzept des Friedens als Zustand steht in der Tradition eines als sozialistisch zu kennzeichnenden Konfliktverständnisses. Gemeinsam ist beiden Konzepten, dass sie den Frieden in enger Nähe zur Gerechtigkeit sehen. Was jedoch Gerechtigkeit im internationalen Maßstab bedeutet, ist wiederum umstritten.

Das Konzept des *Friedens als Verfahren* sieht einen gerechten Frieden bereits dann als gegeben an, wenn die Existenz und die Entfaltungsfreiheit von Staaten in einem gewaltfreien Konfliktaustrag gewährleistet ist. Als adäquates Mittel der Konfliktlösung gilt der Kompromiss. Der Kompromiss ist deshalb geeignet, weil die völlige Durchsetzung des einen Interesses die Verwirklichungchancen der Interessen sämtlicher anderer Konfliktparteien negativ beeinflusst. Die kompromisslose Verwirklichung des eigenen Interesses dürfte daher kaum einvernehmlich und ohne Gewaltanwendung zu bewerkstelligen sein. Kompromisse und Kompromissmechanismen sind folglich eine notwendige Bedingung des Friedens (Link 1979, 44).

Das Konzept des Friedens als Verfahren geht nicht davon aus, dass sich die Ursachen von Konflikten beseitigen lassen. Es sieht zudem Bestrebungen zur endgültigen Lösung von Konflikten kritisch, da dies nach zukünftiger Konfliktunterdrückung aussieht. Es konzentriert sich auf die Etablierung von Institutionen, die sicherstellen, dass Konflikte in geordneten Bahnen verlaufen.

Das Konzept des *Friedens als Zustand* stellt deutlich höhere Anforderungen an den Frieden. Das kompromisshafte Regulieren von Konflikten gilt diesem Konzept als oberflächlich und unzureichend. Es hält einen wirklichen Frieden erst dann für gegeben, wenn die Konfliktursachen, d.h. die Positionsdifferenzen zwischen den Akteuren, beseitigt worden sind. Der Frieden besteht also nicht lediglich in der Abwesenheit gewalthaltiger Formen des Konfliktaustrages, sondern in der Abwesenheit von Positionsdifferenzen selbst (Schimmelfennig 1995, 30 f.).

Das Konzept des Friedens als Zustand bezeichnet die Abwesenheit von Krieg und gewaltsamen Konflikten etwas abschätzig als *negativen Frieden*. Es stellt diesem Frieden den *positiven Frieden* gegenüber, der in einem längeren historischen Prozess herbeizuführen ist. Am Ende dieses Prozesses sind, so die Hoffnung, Kriegsdrohungen, Kriegsgefahren und Kriegsursachen beseitigt. Voraussetzung hierfür ist die Erzeugung von Strukturen, die eine Gewaltausübung überflüssig machen. Dies wäre etwa bei der Beseitigung einer Klassengesellschaft oder bei einer ausreichenden und gleichen Befriedigung menschlicher Grundbedürfnisse der Fall. Beim positiven Frieden sind die Verhältnisse jedenfalls so beschaffen, dass Bedingungen des Zusammenlebens der Staaten und Völker geschaffen werden, die weder ihre Existenz gefährden noch das Gerechtigkeitsempfinden oder die Lebensinteressen einzelner oder mehrerer von ihnen verletzen (Lemke 2008, 84).

4. Konflikte als Gegenstand wissenschaftlichen Nachdenkens

Ein Ausflug in die Welt sozialwissenschaftlicher Theorien

In den Sozialwissenschaften gibt es eine Reihe von Theorien, in denen Konflikte eine zentrale Rolle spielen. Einige Theorien verstehen sich sogar ausdrücklich als Konflikttheorien. Theorien sind umfassende Gedankengebäude, die allgemeingültige und grundsätzliche Aussagen zu einem bestimmten Gegenstand enthalten. Theorien sind entweder deskriptiv oder normativ. Deskriptive Konflikttheorien begnügen sich damit, Konfliktaspekte zu analysieren und zu beschreiben. Normative Konflikttheorien gehen darüber hinaus. Sie versehen die Konflikte mit einer in der Regel positiven Bewertung.

Die Theorie der Konflikteskalation – Eine psychologische Theorie

Der als Spezialist für Konfliktmanagement geltende Psychologe Friedrich Glasl hat sich intensiv mit dem Phänomen eskalierender Konflikte befasst. Hieraus ist vor Jahren eine Theorie der Konflikteskalation hervorgegangen, die bis heute weite Anerkennung findet. Die Bedeutsamkeit der Theorie Glasls besteht darin, dass sie Konfliktzuspitzungen auf allen Ebenen erfassen kann, angefangen von der Ich-Du-Beziehung über kleine Gruppen bis hin zur Gesamtgesellschaft und sogar zum Verhältnis von Staaten.

Der Grundmechanismus der Konflikteskalation ist immer derselbe: Aus der Nichtbereitschaft, sofort eine Konfliktbeendigung anzustreben, folgt mit einer hohen Wahrscheinlichkeit, dass das Wahrnehmen, das Denken, Fühlen und Wollen wie auch das äußere Verhalten der Konfliktbeteiligten korrumpiert, d.h. verdorben werden.

So wird die Wahrnehmungsfähigkeit der Akteure beeinträchtigt. Sie nehmen die Wirklichkeit nur noch selektiv wahr, da ihr Blick primär auf die vom Konfliktgegner kommende Bedrohung gerichtet ist. Sie erfassen komplexere Zusammenhänge gar nicht mehr, da sie aufgrund ihrer Konzentration auf den Gegner alles übrige Wahrgenommene simplifizieren. Ferner kommt so etwas wie eine „kognitive Kurzsichtigkeit" auf, was zur Folge hat, dass Langfristiges nicht mehr überblickt wird. Weiterhin werden unbewusst alle Wahrnehmungen ausgeblendet, die nicht zum vorgefertigten Bild des Kontrahenten passen.

Es bildet sich ein „Schwarz-Weiß-Denken" mit einseitig negativen Stereotypen über den Gegner. Das bewirkt, dass die Parteien zunehmend nur noch hören und sehen, was die bestehenden Vorurteile über den Gegner bestätigt. Es entstehen zunehmend realitätsfernere Deutungsmuster. Aus diesen folgt ein zunehmend irrationaleres Verhalten der Konfliktparteien.

Mit einer gewissen Folgerichtigkeit entwickelt sich aus den abwertenden Urteilen über den Konfliktgegner ein Mangel an Empathie. Im Verhältnis zum Gegner umgeben sich die Parteien mit einem Panzer der Gefühllosigkeit. Fernerhin wird ihr Wille zunehmend durch primitive Instinkte gesteuert. Durch die Verknüpfung des Willens mit starken Emotionen treten zusätzlich eine Radikalisierung und eine Fanatisierung auf (Glasl 2003, 124 f.).

Friedrich Glasl (geb. 1941)

Das Eskalationsmodell besteht aus neun Stufen, die sich drei Hauptphasen zuordnen lassen. Der Übergang von einer Hauptphase zur nächsten wird durch eine deutlich erlebbare Hauptschwelle markiert. Aber auch zwischen den Einzelstufen gibt es Übergangsschwellen. Grundsätzlich gilt, dass sich eine Konfliktpartei mit dem Betreten der nächsten Stufe einer ganzen Reihe von Handlungsmöglichkeiten begibt. Das bedeutet, dass die Beteiligten auf den anfänglichen Konfliktstufen noch viele

Möglichkeiten haben, die Entwicklung in verschiedene Richtungen zu steuern. Auf den weiteren, also intensiveren Konfliktstufen wird das eigene Verhalten und das des Gegners zunehmend eingeengt, weil bestimmte Handlungsalternativen nicht mehr angewendet werden können. Man kann dann nicht mehr korrigieren oder bremsen. So stellt sich der Übergang von einer Stufe zur nächsten Stufe als eine Art Regression, d.h. als ein Zurückfallen in einfachere und primitivere Formen des Handelns und der Moralität, dar (Glasl 1980, 235 f.).

Die drei Hauptphasen lassen sich wie folgt charakterisieren. In der Hauptphase I wissen die Konfliktparteien, dass es Spannungen und Interessengegensätze zwischen ihnen gibt. Sie bemühen sich jedoch um eine möglichst sachgerechte, rational bestimmte Lösung. Sie sprechen miteinander. Wenn strittige Punkte thematisiert werden, beschränken sich die Beteiligten auf eine verbale Auseinandersetzung. Es dominiert der Wille zur Kooperation. Sie achten auch darauf, dass die geltenden Verhaltensnormen nicht verletzt werden. Erst nach und nach stellen sich mehr Blockaden zwischen den Parteien ein. Die Standpunkte verhärten sich. Die Parteien neigen zu rigoroserem Verhalten. Gleichwohl versucht man immer noch, das Problem mit der anderen Seite und nicht gegen sie zu lösen. Zusammenstöße werden tunlichst vermieden. Man setzt alles daran, die andere Seite nicht gegen sich einzunehmen. Denn man will die Gegenseite nicht endgültig verlieren. Deshalb legt man sich deutliche Beschränkungen im Einsatz von Druck- und Gewaltmitteln auf.

In der Hauptphase II geht es wohl noch um die Sachkontroverse. Die Beziehungsebene spielt aber eine zunehmend wichtiger werdende Rolle. Die Art und Weise des Umgehens miteinander wird damit zu einem Problem an sich. Sie führt dem eigentlichen Konflikt nämlich neue Energien zu. Angesichts der weiterhin bestehenden Spannungen kommt es leicht dazu, dass sich verzerrte Wahrnehmungen über den Gegner zwischen die Konfliktparteien schieben. Diese Wahrnehmungen können sich Zug um Zug zu Feindbildern entwickeln. Eine Folge ist, dass die Parteien eine direkte Begegnung zu vermeiden trachten. Damit nimmt dann auch der psychische

Abstand zwischen den Parteien zu. Daraus resultiert eine Zunahme von Misstrauen und Respektlosigkeit. Es kommt zu einer rapiden Minderung der Kooperationsbereitschaft. Jede Seite ist nur noch auf die Durchsetzung ihrer Position bedacht. Die Parteien gehen davon aus, dass sie ihre Absichten nur noch gegen die andere Partei bzw. unter Ausschluss der anderen Partei verwirklichen können. Moralisch-ethische Überlegungen begrenzen jedoch noch die Wahl der Mittel im Konfliktaustrag.

In der Hauptphase III ist das Sachproblem vollkommen in den Hintergrund gerückt. Im Denken und Handeln der nunmehr verfeindeten Konfliktparteien dominiert die Beziehungsebene. An einer Lösung des Sachkonfliktes arbeiten beide Seiten nicht mehr, weil sie dies angesichts der Charaktereigenschaften der Gegenseite für nicht mehr sinnvoll halten. Keine Seite kümmert sich mehr darum, was die andere Seite sagt. Mögliche Verständigungssignale werden nicht zur Kenntnis genommen. Die Auseinandersetzung erfolgt mit großer Härte. Sie konzentriert sich auf den Gegner, um dessen Schwächung oder gar Zerstörung es geht. Es kommt zum blinden, auf die Schädigung der Gegenseite fixierten Vergeltungsdenken. Notfalls wird sogar die eigene Vernichtung in Kauf genommen (Glasl 1980, 237, 262, 306, 309).

Unter einem rationalen Verhalten versteht man das Bemühen, den eigenen Vorteil zu optimieren und Nachteile zu vermeiden. Wenn dies gelingt, dann sprechen Ökonomen von einer Win-Situation. Das Gegenteil ist eine Lose-Situation. Da es in einer Konfliktsituation zwei Parteien gibt, muss das Ergebnis beider Seiten in das Rationalitätskalkül einbezogen werden. Ein Vergleich der drei Hauptphasen zeigt nun, dass beide Seiten dann am vernünftigsten handeln, wenn sie den Konflikt auf der Hauptphase I belassen. Wenn sich nämlich beide Seiten besinnen und auf beiderseitige Vorteile bedacht sind, was in der Regel auf eine kompromissorientierte Lösung hinausläuft, dann ist eine Win-win-Situation möglich. In der Hauptphase II hingegen gewinnt nur eine Seite. Es kommt folglich zu einer Win-lose-Situation. Der Gewinner kann sich seines Sieges aber nur begrenzt freuen. Denn er muss mit einer Revanche des Kontrahenten bei der nächstbesten Gelegenheit rechnen. Gänzlich negativ unter dem Gesichtspunkt der Rationalität ist die Bilanz eines Konfliktes, der bis zur Hauptphase III ausgefochten wird. Denn hier steht am Ende eine Lose-lose-Situation. Dies kann eigentlich niemand wollen (Wellhöfer 2007, 78 f.).

Es lohnt sich, einen Blick auf die neun Stufen der Eskalationsleiter zu werfen, zeigen diese doch die mit der Konfliktintensivierung einhergehenden Gefahren für das Zusammenleben der Menschen eindringlich auf.

Die neun Stufen der Konflikteskalation

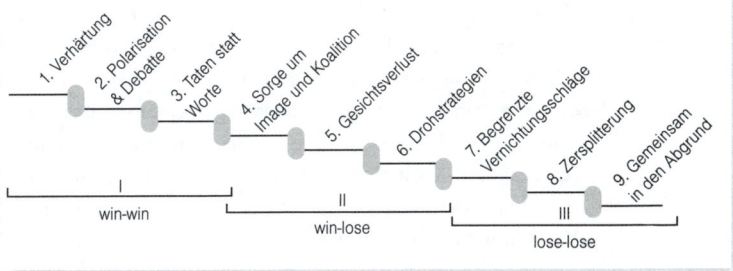

© Wochenschau Verlag, nach Glasl: Konfliktmanagement

Stufe 1, die Glasl *Verhärtung* nennt, unterscheidet sich nur unwesentlich von alltäglichen Formen des entspannten Zusammenarbeitens und Umgehens miteinander. Es tauchen aber doch unterschiedliche Meinungen und Standpunkte auf, die sich im Laufe der Zeit verhärten. Das bedeutet, dass sich die Beteiligten in geringerem Maße als zuvor von der Gegenseite beeinflussen lassen. Dennoch herrscht bei den Parteien die Überzeugung vor, dass durch den Einsatz rationaler Mittel, also durch vernünftiges Argumentieren, Prüfen und Abwägen, die aufgetretenen Spannungen bewältigt werden können. Die Parteien wahren die Regeln der Fairness und bemühen sich, keine Polarisation entstehen zu lassen (Glasl 1980, 238 ff.).

Auf der Stufe 2, die Glasl *Polarisation und Debatte* nennt, nehmen die Parteien rigorosere Haltungen ein. Sie scheuen nun auch die harte verbale Konfrontation nicht, um ihren Standpunkt beim Gegner durchzusetzen. Zwar sehen beide Seiten, dass eine Kooperation ihnen mehr Vorteile bringt als eine Konfrontation, aber die eigenen Belange treten doch stärker in den Vordergrund. Sie werden auch mehr und mehr als konkurrierend mit denen der anderen Partei erlebt. Es kommt also zu einer Mischung kooperativer und kompetitiver Einstellungen. Diese Mischung erhöht die Unsicherheit über das Verhalten der Gegenseite, was zu gereizten Reaktionen führen kann.

Die Verteidigung der jeweiligen Standpunkte wird zu einer Prestigefrage. Jede Seite fürchtet, dass ein Nachgeben in der Sache nachteilige Folgen für ihre soziale Position, ihre Macht und ihr Ansehen haben kann. Es wird versucht, die Gegenseite in ihrer Überzeugungsfestigkeit zu erschüttern, um mittels dieser Verunsicherung die eigene Position vorteilhaft zu verändern. Gespräche werden so zu Debatten. Die Kommunikation kann dabei mehrdeutig werden, was zur weiteren Eintrübung des Klimas zwischen den Parteien beiträgt. Zwar ist die Kommunikation dem äußeren Anschein nach weiterhin rational, gleichwohl wird mit dem Einsatz rhetorischer Mittel versucht, Überlegenheit zu erreichen. So wirft man etwa dem Gegner vor, falsche Schlüsse zu ziehen. Oder es werden bewusst aus den Äußerungen des Gegners extreme Schlussfolgerungen gezogen. Für die eigene Seite führt man gerne Autoritätsbeweise an. Beide Seiten bedienen sich also diverser Taktiken, die sie für erlaubte Waffen halten. Denn es steht nach ihrer Auffassung ihre Interessenposition auf dem Spiel. Die Kontrahenten bemühen sich aber weiterhin, ihre Beziehungen aufrechtzuerhalten. Sie sprechen in den Debatten der Gegenseite nicht das Recht auf Erwiderung und Rechtfertigung ab (Glasl 1980, 241 ff.).

Auf der Stufe 3 werden Tatsachen zu Gunsten der eigenen Sache geschaffen. Glasl nennt diese Stufe daher *Taten statt Worte.* Dahinter steht die Überzeugung der Parteien, dass

Gespräche keine für sie günstigen Ergebnisse mehr bringen werden. Die Parteien sprechen zwar noch miteinander, die nonverbale Kommunikation rückt aber in den Vordergrund. Folglich lassen die Parteien jetzt Taten sprechen, um ihre Entschlossenheit zu demonstrieren und die Gegenpartei damit zu konfrontieren. In der Regel ist die Gegenpartei jedoch nicht willens, diese Taten einfach hinzunehmen. Die Tat wird darum mit einer Gegenaktion beantwortet.

Emotionen, die die eigene Position bestärken, nehmen einen zunehmend wichtigeren Platz ein. Die Kontrahenten sind deshalb nicht mehr in der Lage, sich in die Gegenpartei hineinzuversetzen. Damit nimmt auch die Fähigkeit ab, die Intentionen der anderen Seite zu verstehen. In der Folge bilden sich Vorurteile und Klischeebilder. Mit dem Schwinden der verbalen Kommunikation sinken die Chancen für die Parteien, den „Weg zurück" zu finden.

In dieser Phase der Konfliktentwicklung liegt eine Mischung aus Kooperationsbereitschaft und Konkurrenzbewusstsein vor, auch wenn Letzteres mittlerweile dominiert. Den Parteien ist daher noch bewusst, dass der Konflikt nur durch Einbezug des anderen bewältigt werden kann. Sie wissen, dass sie bei der Lösung aufeinander angewiesen sind (Glasl 1980, 249 ff.).

Ab der Stufe 4 fehlt in der Beziehung zwischen den Parteien die Bereitschaft zur Kooperation. Es geht den Parteien von nun an um Gewinn oder Verlust, um Sieg oder Niederlage. Diese Haltung bezieht sich nicht nur auf die Sache, sondern auch auf die eigene bzw. die Existenz des anderen. Die Parteien geben sich ein positives Selbstbild, das sie einem negativen Bild des Kontrahenten entgegensetzen. Die gegenseitige Einstellung ist damit von Unfreundlichkeit geprägt.

Eine wichtige Sorge der Kontrahenten in dieser Phase bezieht sich auf die Wahrung und Festigung der eigenen Reputation. Um den Gegner zu besiegen, suchen sie nach Bündnispartnern. Glasl nennt diese Phase daher *Sorge um Reputation und Unterstützung*. Wenn sich eine direkte kommunikative Begegnung nicht vermeiden lässt, dann ist diese geprägt von Ironie, Anspielungen, Unterstellungen (Glasl 1980, 263 ff.).

Auf der Stufe 5 starten die Kontrahenten Demaskierungs-aktionen in der Absicht, das wahre, bislang getarnte Gesicht des jeweils anderen zu entlarven. Im Verfolg dieser Absicht kommt es zu einer Art Mythenbildung über die Immoralität des Gegners, der die Legende von der eigenen Arglosigkeit und Unschuld gegenübergestellt wird. Die Parteien halten ihre Konstruktionen aber für die Wirklichkeit. Sie drängen die produzierten Feindbilder einander auf und versuchen, ein Verhalten des Gegners zu provozieren, welches das Feindbild dann bestätigt und vertieft. Glasl nennt diese Phase daher *Kampf mit verlorenem Gesicht.* Es erstaunt nicht, dass der gegenseitig beigefügte Gesichtsverlust eine deutliche Verschärfung des Konfliktes bewirkt. Denn letztlich wird die moralische Integrität des anderen in Frage gestellt. In gewisser Weise setzt eine Ideologisierung des Konfliktes ein. Auf jeden Fall tritt zwischen den Parteien ein grundlegender Vertrauensbruch auf. Jeder erwartet vom anderen nur Negatives (Glasl 1980, 275 ff.).

Stufe 6 nennt Glasl die Zeit der *Drohstrategien.* Die Drohungen drücken aus, dass die Parteien die Anwendung von Gewalt nicht mehr ausschließen. Es gibt Steigerungsformen des Drohverhaltens: Zunächst sprechen die Parteien gegenseitig Drohungen aus, um vor allem ihrer Entschlossenheit Ausdruck zu verleihen, dass sie unnachgiebig sein wollen. Sie lassen aber noch offen, worin die angedrohten Sanktionen genau bestehen sollen. Eine Steigerung der Drohstrategie besteht darin, die Drohungen eindeutiger und entschlossener auszusprechen. Das bedeutet zugleich, dass die Parteien sich auf die in Aussicht gestellten Sanktionen festlegen. Sie müssten einen schmerzlichen Gesichtsverlust in Kauf zu nehmen, wenn sie sich von der Androhung zurückziehen wollten. Die Bereitschaft hierzu dürfte in dieser Phase der Auseinandersetzung aber sehr gering sein. Schließlich werden die Drohungen noch radikaler formuliert. Sie tragen jetzt ultimative Züge: Die bedrohte Seite wird vor eine Ja-Nein-Entscheidung gestellt, die keinen dritten Weg mehr offen lässt. Bei alledem droht aber nicht nur eine Seite. Es kommt vielmehr zu Gegendrohungen der anderen Seite.

Der Mechanismus von Drohung und Gegendrohung beschleunigt die Konflikteskalation. Die Kontrolle der Konfliktsituation durch die Beteiligten wird damit zusehends schwieriger. Im Mittelpunkt der Gedanken der Kontrahenten steht dabei kaum noch die Sache, um die ursprünglich gestritten wurde. Im Mittelpunkt stehen Fragen der Machtbehauptung (Glasl 1980, 288 ff.).

Ab der Stufe 7 ist die Feindschaft zwischen den Kontrahenten offen ausgebrochen. Zunächst streben sie die Zerstörung des gegnerischen Sanktionspotentials an. Es geht also noch nicht um totale, unbegrenzte Vernichtungsschläge. Glasls Bezeichnung dieser Stufe lautet deshalb auch *Begrenzte Schläge*. Diese Schläge sollen den Gegner schwächen. Eine Schwächung der Gegenseite wird als eigener Gewinn verbucht. Man ist sogar bereit, schmerzhafte eigene Verluste in Kauf zu nehmen, wenn man nur gewiss sein kann, dass der Schaden für die Gegenseite um einiges größer sein wird. Um die Gegenseite wirksam zu treffen, werden ohne Skrupel Taktiken der Irreführung, der Täuschung und Lüge angewendet (Glasl 1980, 311 ff.).

Die Konflikteskalation nimmt in der Stufe 8 noch einmal deutlich zu. Glasl spricht von der *Zersplitterung des Gegners*. Durch gezielte Angriffe auf das Zentrum des Gegners sollen dessen Kräfte zersplittert und so die Grundlage für die Vernichtung seiner Macht- und Existenzgrundlage gelegt werden. Der Gegner soll sich nicht mehr erholen und regenerieren können. Die Parteien sind bereit, bei den Angriffen erheblichen Schaden für sich selbst in Kauf zu nehmen. Dennoch spekulieren sie in dieser Phase noch auf das eigene Überleben (Glasl 1980, 314 ff.).

Die Stufe 9 drückt den totalen Kollisionskurs beider Seiten aus. Es geht um die Vernichtung des Gegners, selbst wenn dies die eigene Vernichtung bedeutet. Glasls treffende Bezeichnung lautet *Gemeinsam in den Abgrund*. Es ist sehr schwierig, einen Konflikt auf der achten Eskalationsstufe wirksam zu begrenzen. Daher kommt es leicht zur Losung „Vorwärts um jeden Preis!" (Glasl 1980, 317).

Glasls Eskalationstheorie ist bedrückend. Offenkundig gibt es einen Mechanismus, der, einmal in Gang gesetzt, nicht mehr aufgehalten werden kann. Glasl betont jedoch, dass die Theorie keinen Grund für Fatalismus bietet. Fatalismus wäre nur dann angebracht, wenn die Konfliktparteien der Konfliktdynamik völlig freien Lauf ließen und nicht in das Konfliktgeschehen eingriffen. Folglich muss man eingreifen. Man muss abwägen und rechtzeitig zur Besinnung kommen. Denn: „Ohne einen Akt der Bewusstseinsanstrengung, ohne Besinnung auf die eigenen Intentionen, auf die eigene Moralität, auf den eigenen menschlichen und sozialen Standort droht der Konflikt einen verhängnisvollen Verlauf zu nehmen" (Glasl 1980, 321).

Die liberale Konflikttheorie
– Eine soziologische Theorie

Zu den Gegenständen der Soziologie gehören gesellschaftliche Prozesse und soziale Vorgänge. Sie weiß seit langem, dass Konflikte hierbei eine maßgebliche Rolle spielen. Sie hat ihre Kenntnisse zu Konflikttheorien verdichtet. Den meisten dieser Theorien ist gemeinsam, dass sie das integrierende Moment des Konfliktes betonen und die Gestaltung des sozialen Wandels als eine Funktion des Konfliktes betrachten. Ebenso herrscht weitgehend Übereinstimmung darüber, Konflikte als universell und als unvermeidbar für jede Gesellschaft anzusehen.

Ralf Dahrendorf
(1929-2009)

Ralf Dahrendorf hat eine Konflikttheorie entwickelt, die das Etikett „liberal" trägt. Sie ist liberal, weil sie die Offenheit des gesellschaftlichen Wandels als ein wichtiges Moment der Freiheit einstuft und diese Offenheit durch eine möglichst ungehinderte Austragung von Konflikten ausgefüllt sehen will. Eine *liberale Konflikttheorie* geht von folgenden Annahmen aus: Die Gesellschaft unterliegt zu jedem Zeitpunkt dem Wandel. Nichts bleibt unverändert. Weiterhin ist die Gesellschaft ein in sich widersprüchliches und explosives Gefüge ihrer Elemente, d.h. ein konflikthaftes Ganzes. Jedes dieser sich in Bewegung befindenden Elemente leistet einen Beitrag zur Veränderung der Gesellschaft. Die Veränderungen bringen die Gesellschaft in aller Regel voran.

Die liberale Konflikttheorie grenzt sich von der *Konsenstheorie* der Gesellschaft ab. Eine solche Theorie betrachtet die Gesellschaft als ein beharrendes, stabiles Gefüge von Elementen. Die Elemente befinden sich in einem Gleichgewicht. Jedes dieser ruhenden Elemente leistet einen Beitrag zum Funktionieren der Gesellschaft. Nicht Konflikt und Veränderung, sondern Eintracht und Harmonie gelten der Konsenstheorie als erstrebenswert. Konflikte gelten als Ausnahmeerscheinungen sowie als Indikatoren einer „sozialen Erkrankung". Ihnen haftet der Geruch der Gesellschaftskrise, wenn nicht der Gesellschaftsauflösung an. Sie sind Indikatoren einer pathologischen Degeneration der Gesellschaft. Zusammengefasst: Konflikte gelten als dysfunktional (Dahrendorf 1972, 29 f.).

Die liberale Konflikttheorie geht von der entgegengesetzten Annahme aus: Konflikte sind funktional, sie haben eine produktive Wirkung. Diese positive Sicht der Konflikte geht zurück auf Georg Simmel, der zu Beginn des 20. Jahrhunderts die Konfliktsoziologie in Deutschland begründete.

Nach Simmel sind Konflikte eine Form der Vergesellschaftung, d.h. der Integration. Das ist deshalb so, weil die Konflikte die Menschen in eine Wechselbeziehung bringen. Im Trennenden lägen zwar die Ursachen von Konflikten, der Konfliktaustrag diene aber der Abhilfe der Notlagen und insofern einer neuen Form des Zusammenlebens. Weiterhin bewirkten Konflikte Veränderung und Entwicklung. Eine ausschließlich auf Harmonie beruhende Gesellschaft würde hingegen keinen Lebensprozess aufweisen. Es würde sich also keineswegs ein reicheres und volleres Gemeinschaftsleben ergeben, wenn die aus Konflikten resultierenden Energien verschwänden.

Georg Simmel
(1858-1918)

Nach Simmels Auffassung benötigt die Gesellschaft zu ihrer Entfaltung ein Verhältnis von Harmonie und Disharmonie, Zusammenhalt und Konkurrenz, Gunst und Missgunst. Die

Entzweiungen seien daher keineswegs nur negativ zu sehen. Die weit verbreitete Auffassung, dass ausschließlich Kooperation positive Effekte habe, ist nach Simmels Überzeugung oberflächlich. Die Gesellschaftsentwicklung beruhe vielmehr auf dem Zusammenwirken von Konflikt und Kooperation. Dies aber bedeute, Konflikte müssten positiv bewertet werden (Simmel 1983, 186 ff.).

Die Gedanken Simmels fortführend, spricht auch der amerikanische Soziologe Lewis A. Coser Konflikten eine stabilisierende und produktive Funktion zu. Coser handelt die Konflikte vor allem im Kontext der Gruppensoziologie ab. Dabei geht es ihm darum, die Integrationskraft von Konflikten zwischen und in Gruppen aufzuzeigen. Coser bezieht die Konflikte aber auch auf die Gesamtgesellschaft (Bühl 1976, 28 f.).

Coser stellt fest, dass Konflikte den Effekt haben, eine Gruppenidentität durch Abgrenzung von anderen Gruppen zu schaffen. Konflikte mit anderen Gruppen trügen nämlich zur Schaffung und zur Festigung eines Gruppenbewusstseins bei. Konflikte schüfen also die für eine Identitätsbildung notwendige Unterscheidung zwischen „uns" und den anderen. Im Innenleben von Gruppen entfalteten Konflikte eine befreiende Wirkung: Denn Gruppenmitglieder könnten sich von der Gruppe erdrückt fühlen, wenn sie keine Möglichkeit hätten, Aggressionen gegeneinander loszuwerden und Ablehnung auszudrücken. Konflikte ließen unterdrückte Aggressivität frei und hielten gerade dadurch die Beziehungen in der Gruppe aufrecht. Konflikte förderten aber nicht nur das Gruppenleben, auch die Gesellschaft profitiere von ihnen. Denn Konflikte begleiteten den gesellschaftlichen Wandel. Ihr freier Austrag führe zu Veränderungen von Regeln und Normen. Damit gewährleisteten sie die Kontinuität der Gesellschaft unter veränderten Bedingungen. Starren gesellschaftlichen Ordnungen stehe hingegen ein solcher Mechanismus zur Anpassung von Regeln und Normen nicht zur Verfügung (Coser 1972, 41, 54, 181).

Dahrendorf hat sich nicht mit einer oberflächlichen Beschreibung und Rechtfertigung des Konfliktes zufriedengegeben. Er hat seine Theorie mit einem anthropologischen Fundament versehen. Hiernach lebt der Mensch in einer Welt der Ungewissheit. Ihm fehlen immer Informationen, die nötig wären, um gut begründete Entscheidungen zu treffen. Unter dieser Voraussetzung ist es wichtig, eine „Diktatur der falschen Antworten" zu vermeiden. Daher muss man Bedingungen schaffen, dass es in allen Bereichen möglich bleibt, mehr als nur eine Antwort zu geben. Diese Bedingungen sind dann gegeben, wenn Konflikte über das Richtige frei ausgetragen werden dürfen. Auf diese Weise tritt dann die Vielfalt und Gegensätzlichkeit menschlicher Interessen und Wünsche zutage (Dahrendorf 1965, 174).

Eine etwas anspruchsvollere Version des anthropologischen Argumentes lautet: Da die Menschen die vollkommene Gesellschaft nicht kennen können, muss die Gesellschaft ständig zu neuen Lösungen streben. Denn das heute Richtige kann morgen falsch sein. Und die Antwort des einen muss nicht richtiger sein als die des anderen. Das aber bedeutet, dass aller Fortschritt auf der Vielfalt und Widersprüchlichkeit der Gesellschaft beruht. Anders gesagt: Im Widerstreit der von Gruppen geäußerten Normen, Erwartungen und Interessen lässt sich die jeweils annehmbare Lösung finden. Diese darf aber zugleich wieder kritisch relativiert werden. Wandel und Fortschritt beruhen letztlich also auf der konstitutionellen Ungewissheit der menschlichen Existenz. Deshalb bleibt die Gesellschaft so lange menschlich, wie sie das Kontroverse in sich lebendig erhält. Nicht die utopische Harmonie, sondern die in Spielregeln zugleich bewältigten und erhaltenen Spannungen machen den humanen Charakter der Gesellschaft aus (Dahrendorf 1974, 276).

Dahrendorf betont, dass sich in der Anerkennung von Konflikten eine rationale Einstellung spiegelt. Diese Rationalität oder Vernünftigkeit besteht darin, in den gesellschaftlichen Gegensätzen kein zerstörerisches, sondern ein fruchtbares Moment zu sehen. Denn diese Gegensätze bringen die Gesellschaft voran (Dahrendorf 1965, 173).

Die Anerkennung von Konflikten ist aus der Sicht der liberalen Konflikttheorie aber noch aus einem zweiten Grund

rational: Konflikte, welche sich unbehindert entfalten können, neigen nämlich zu eher milden Formen der Austragung. Die Menschen wissen, dass ihre Beteiligung an einem Konflikt nicht sanktioniert wird. Sie müssen den Konflikt also nicht mit Gewalt siegreich beenden, nur um einer anschließenden Bestrafung zu entgehen, womit Unterlegene in einem illegalen Konflikt immer rechnen müssen. In illegalen Konflikten steigt hingegen die Gewaltsamkeit. Es besteht sogar die Gefahr einer revolutionären oder quasi-revolutionären Explosion (Dahrendorf 1972, 38 f.).

Die liberale Konflikttheorie unterscheidet sich fundamental von einer konkurrierenden Sichtweise, nämlich der

Karl Marx
(1818-1883)

marxistischen Konflikttheorie. Für Karl Marx war der Klassenkampf der Motor der menschlichen Geschichte. In jeder Epoche, so seine Theorie, stehen sich zwei große soziale Gruppen unversöhnlich gegenüber. Die eine, die der Eigentümer an Produktionsmitteln und Verteidigerin des Status quo, ist die herrschende Klasse. Die andere, der von den Produktionsmitteln Ausgeschlossenen und durch das Interesse an einer neuen Ordnung geeint, ist die unterdrückte Klasse. Die Not der unterdrückten Klasse stachelt die Intensität des Klassenkampfes so lange an, bis eine Revolution der bestehenden Eigentums- und der darauf basierenden politischen Ordnung ein Ende setzt. Am Ende der Entwicklung der menschlichen Gattung steht eine klassenlose und folglich harmonische Gesellschaft. Für Marx ist die Geschichte aller bisherigen Gesellschaften jedenfalls eine Geschichte solcher Klassenkämpfe.

Nach Dahrendorf bedarf die marxistische Konflikttheorie einer Modifikation in wichtigen Punkten. So unterstreicht er, dass der Konflikt zwischen Gruppen ein generelles Phänomen menschlicher Gesellschaften darstellt, ohne dass sich daraus jedoch eine geschichtliche Entwicklungsnotwendigkeit ableiten lässt. Er führt weiter an, dass Konflikte zwischen gesellschaftlichen Gruppen ihren letzten Grund in der Ungleichheit zwischen Herrschenden und Beherrschten haben und nicht, wie Marx annahm, in den Eigentumsverhältnissen. Dabei erzeugt die an die Herrschaftsposition geknüpfte Ungleichheit Interessen, die an ganz verschiedene Rollen geknüpft sein können. Außerdem können diese Interessen zunächst lediglich latent vorhanden sein. Nicht zwangsläufig, sondern nur unter bestimmten Bedingungen entwickeln sie sich zu organisierten Interessengruppen. Weiterhin kann es zwischen den Interessengruppen zu Konflikten kommen, deren Intensität und Gewaltsamkeit aber variieren können. Sie unterliegen jedenfalls nicht einem Prozess linearer Verstärkung, wie Marx glaubte. Die Intensität und Gewaltsamkeit der Interessengruppenkonflikte hängen in erster Linie mit der Radikalität und Schnelligkeit des gesellschaftlichen Strukturwandels zusammen und nicht mit der Zuspitzung auf einen Antagonismus zweier Klassen (Dahrendorf 1972, 13).

Die liberale Konflikttheorie nimmt für sich in Anspruch, den einzig rationalen Weg für den Umgang mit Konflikten zu weisen. Sie nennt diesen Weg „Konfliktregelung". Die Theorie erwähnt zwei weitere, allerdings hochproblematische Möglichkeiten der Konfliktbehandlung, nämlich die Konfliktunterdrückung und die endgültige Konfliktlösung.

Zwar wird die *Konfliktunterdrückung* nur selten in der politischen Literatur empfohlen, gleichwohl folgen viele Staaten bis in die Gegenwart diesem Rezept. Aber die Konfliktunterdrückung ist nicht nur unmoralisch. Sie ist auch eine unwirksame Weise der Behandlung sozialer Konflikte. Denn in dem Maße, in dem Konflikte unterdrückt werden, nehmen sie an potentieller Virulenz zu. Dies erfordert eine noch gewaltsamere Unterdrückung, bis es schließlich doch zur revolutionären Entladung kommt.

Die Konfliktunterdrückung ist typisch für totalitäre Regime. Aber selbst diese Ordnungen geben Konflikten noch einen gewissen Raum. So fungiert die Staatspartei auch als Instrument zur Erforschung der möglicherweise widerständigen öffentlichen Meinung. Es gibt begrenzte Möglichkeiten der Beschwerde und Kritik. Insofern findet man empirisch nur sehr selten Systeme einer perfekten Konfliktunterdrückung. Zumeist mischen sich Unterdrückung und rudimentäre Formen der Konfliktregelung (Dahrendorf 1965, 171 f.; 1972, 40 f.).

Die *Konfliktlösung* ist der Versuch, vorhandene Gegensätze durch Eingriffe in die gesellschaftlichen Strukturen ein für allemal aus der Welt zu schaffen. Gemeint ist also nicht die Lösung einzelner Konfliktfälle wie etwa die Bearbeitung einer Tarifauseinandersetzung, bei welcher der dahinterstehende Konfliktgrund bestehen bleibt. Gemeint ist die Lösung in einem prinzipiellen Sinne, bei der die Wurzeln von Konflikten beseitigt sind.

Dieses sehr anspruchsvolle Vorhaben ist typisch für politische Utopien. Diese gehen davon aus, dass sich Bedingungen schaffen lassen, unter denen Konflikte überflüssig werden. Alle Erfahrung zeigt jedoch, dass dies nicht funktioniert. Denn die Herbeiführung einer konfliktfreien Gesellschaft verstößt gegen die Natur des Menschen. Wer also eine Gesellschaft ohne Konflikte herbeiführen will, muss dies mit Terror und Polizeigewalt tun. Er muss soziale Konflikte unterdrücken und diese Unterdrückung danach noch verherrlichen. „Denn wenn in der angeblich verwirklichten Utopie – der Volksgemeinschaft, der Klassenlosen Gesellschaft – das Verbotene dennoch geschieht, der Widerstand gegen Herrschaft also nicht ausbleibt, dann fordert die Rettung der utopischen Theorie die Praxis der Unterdrückung des Widerstandes als eines Reliktes überwundener Vergangenheit oder eines Unterwanderungsversuchs fremder Mächte" (Dahrendorf 1965, 172).

Basis der *Konfliktregelung* ist die Anerkennung der Konflikte als unvermeidlich, berechtigt und sinnvoll. Der Konflikteingriff beschränkt sich hier auf die Regelung des konkreten Streites. Es findet mithin kein Versuch einer Beseitigung der Konfliktursache statt. Bei der Konfliktregelung wird die Auseinandersetzung so kanalisiert, dass am Ende ein verbindliches Ergebnis steht. Das verlangt zum einen, dass die Konfliktbeteiligten wirksam an der Konfliktregelung mitwirken können. Das verlangt zum anderen, dass die Beteiligten sich über die Spielregeln einig sein müssen, nach denen die Konflikte ausgetragen werden sollen. Die entsprechenden Regelwerke dürfen keinen Beteiligten von vornherein bevorzugen oder benachteiligen.

Von der Konfliktregelung ist zu erwarten, dass sie die Gewaltsamkeit der meisten Konflikte mindert. Zwar verschwinden die Konflikte nicht, sie werden nicht einmal notwendigerweise weniger intensiv, aber sie werden kontrollierbar. Abgesehen hiervon wird ihr schöpferisches Potential in den Dienst einer Entwicklung der Gesellschaft gestellt. In der Sicht der liberalen Konflikttheorie liegt in der rationalen Bändigung sozialer Konflikte wahrscheinlich eine der zentralen Aufgaben der Politik (Dahrendorf 1972, 41 ff.).

Die pluralistische Demokratietheorie – Eine politikwissenschaftliche Theorie

Die Frage nach der guten politischen Ordnung gehört seit Aristoteles zu den klassischen Gegenständen der Politikwissenschaft. Ein Kriterium für eine gute Ordnung ist ihre Fähigkeit, mit Konflikten umzugehen und deren gewaltfreien Austrag zu ermöglichen. Gemessen an diesem Kriterium unterscheiden sich nämlich die politischen Ordnungen. Sie geben verschiedene Antworten auf die Frage, was an divergierenden Interessen und Anschauungen zugelassen werden soll und ob daraus entspringende Konflikte frei ausgetragen werden dürfen. Im Feld der politischen Ordnungsmodelle zeichnen sich Demokratien dadurch aus, dass sie ein überaus weites Spektrum an Interessen und Ideen zulassen und einer offenen Konfliktaustragung positiv gegenüberstehen (Eckert & Willems 1992, 22 f.).

Die pluralistische Demokratietheorie liefert die Wertmaßstäbe für den politischen Streit in der Demokratie. Diese maßgeblich von dem Berliner Politikwissenschaftler Ernst Fraenkel in den sechziger Jahren des 20. Jahrhunderts konzipierte Theorie geht von der Vielfalt der Interessen und Meinungen in der Gesellschaft aus. Sie spricht diesbezüglich von der *heterogenen Gesellschaft*. Sie formuliert ein Staatsverständnis, welches die Artikulation und die Konkurrenz der Interessen und Meinungen ermöglicht. Die Pluralismus-

Ernst Fraenkel
(1898-1975)

theorie akzeptiert und schützt mithin eine offene politische Willensbildung. Sie befürwortet weiterhin die Konkurrenz zwischen den Parteien, und sie spricht sich für das Recht auf Opposition aus. In der Opposition sieht sie sogar die bedeutendste politische Erfindung der Neuzeit. Die parlamentarischen Institutionen und Verfahrensweisen, in denen sich Konkurrenz und Konflikt entfalten können, kann man folglich durchaus als praktische Auswirkungen der Pluralismustheorie interpretieren. Insgesamt kann man feststellen: Wie keine andere politische Theorie betrachtet die Pluralismustheorie den Streit als konstitutiv für freiheitliche politische

Aristoteles
(384-322 v. Chr.)

Ordnung. Wie keine andere Theorie bewertet sie die Unterbindung von Streit als dysfunktional. Denn für sie steht fest, dass sich eine Gesellschaft aus Konflikten und Diskussionen, mithin aus streitoffener Kommunikation, integriert.

Mit der Einsicht in die gesellschaftliche Heterogenität befindet sich die Pluralismustheorie in prominenter Gesellschaft. Denn bereits Aristoteles, der Gründer der Politikwissenschaft, stellte in der Auseinandersetzung mit Platons Homogenitätsideal heraus, dass der Staat ein notwendigerweise heterogenes Gebilde ist: „Es ist aber doch klar, dass ein Staat, der immer mehr eins wird, schließlich gar kein Staat mehr ist. Seiner Natur nach ist er eine Vielheit. [...] Der Staat besteht außerdem nicht nur aus vielen Menschen, sondern auch aus solchen, die der Art nach verschieden sind. Aus ganz Gleichen entsteht kein Staat" (Aristoteles, Politik, Zweites Buch, 1261a).

Niccolò Machiavelli
(1469-1527)

Die überaus positive Einschätzung von Konflikten teilt die Pluralismustheorie mit einem anderen Klassiker des politischen Denkens, nämlich Machiavelli. Machiavelli kommentierte die Verhältnisse im antiken Rom wie folgt: „Ich behaupte, dass diejenigen, die die Kämpfe zwischen Adel und Volk verdammen, auch die Ursachen verurteilen, die in erster Linie zur Erhaltung der Freiheit Roms führten. Wer mehr auf den Lärm und das Geschrei solcher Parteikämpfe sieht als auf deren gute Wirkungen, der bedenkt nicht, dass in jedem Gemeinwesen das Sinnen und Trachten des Volks und der Großen verschieden ist und dass alle zugunsten der Freiheit entstandenen Gesetze nur diesen Auseinandersetzungen zu verdanken sind. [...] Gute Gesetze [entstehen] durch Parteikämpfe, die viele unüberlegt verurteilen" (Niccolò Machiavelli, Discorsi. Gedanken über Politik und Staatsführung. I. Buch, 4. Kapitel).

Gegenstand der Pluralismustheorie ist die *pluralistische Demokratie*. Deren Elemente zu beschreiben, hat sich die Theorie als Aufgabe gesetzt. Das charakteristische Merkmal der pluralistischen Demokratie ist nun die Anerkennung der doppelten Tatsache, dass es in einer heterogen zusammengesetzten Gesellschaft Strittiges, aber auch Unstrittiges gibt. So gibt es weite Bereiche des Zusammenlebens, über deren Ausgestaltung die Bürger sich nicht einig sind und über die man folglich am Ende politisch abstimmen muss. Die Pluralismustheorie spricht vom *kontroversen Sektor* des Gemeinschaftslebens. In diesem Sektor besteht kein Konsens. Er soll nicht einmal bestehen, weil es sich um den Bereich der Politik handelt. Politik heißt: Freier Austrag der gesellschaftlichen Konflikte mit dem Ziel einer Regelung. Es gibt daneben aber auch einen Bereich des Zusammenlebens, in dem Einigkeit herrscht. Die Pluralismustheorie nennt diesen Bereich den *nicht-kontroversen Sektor* des Zusammenlebens. Sie betont, dass die Funktionsfähigkeit der pluralistischen Demokratie auf der Gleichzeitigkeit von Differenz und Übereinstimmung beruht.

Die Pluralismustheorie weiß, dass es schwierig ist, die richtige Balance zu finden zwischen dem kontroversen und dem nicht-kontroversen Sektor. Es sind zwei Extreme denkbar, die man mit guten Gründen als Strukturdefekte der Demokratie diagnostizieren kann.

Zum einen kann es zu einer Einschrumpfung der Lebensimpulse der Demokratie kommen. Das wäre der Fall, wenn es an einer ausreichend intensiven Willensbetätigung breiter Bevölkerungsschichten mangelte und es an offen ausgetragenen

Auseinandersetzungen zwischen den Gruppen fehlte. Die Folge wäre eine politische Erstarrung. Man könnte auch von politischer Apathie und Lethargie sprechen. In einer solchen Situation verlöre die Opposition zudem ihre Daseinsberechtigung. Bei diesem Szenario wäre also insgesamt der nicht-kontroverse Sektor zu weit ausgedehnt. Zum anderen kann es zu gewaltsamen, wenn nicht sogar bürgerkriegsähnlichen Konflikten kommen. In solchen Konflikten finden Spielregeln und Werte des humanen Zusammenlebens keine Anerkennung mehr. Die Folge wäre eine Desintegration, also eine Auflösung der Gesellschaft. Dieses Szenario wäre gleichbedeutend mit einer zu weiten Ausdehnung des kontroversen Sektors (Fraenkel 1991, 89, 292).

Der Pluralismustheorie kommt es vor allem auf die Anerkennung des kontroversen Sektors und damit der Legitimität eines konflikthaften politischen Lebens an. Denn die pluralistische Demokratie lebt davon, dass die Existenz eines solchen, dem Streit der Parteimeinungen und Gruppeninteressen ausgelieferten Sektors respektiert wird. Die Bedeutsamkeit dieses Sektors liegt darin, dass im Zusammenprall und im Zusammenwirken der Partikularwillen von Interessenverbänden und Parteien um die bestmögliche Regelung der gemeinsamen Angelegenheiten, also um das Gemeinwohl, gerungen wird. Es ist geradezu die Funktion dieser Willenskräfte, in einem kontradiktorischen Verfahren Entscheidungen über die strittigen Fragen des Gemeinschaftslebens zu treffen. Ernst Fraenkel warnt davor, den kontroversen Sektor durch Gemeinschaftsideologien zu verhüllen oder durch Gemeinschaftsphrasen wegzudisputieren.

Auch wenn in der pluralistischen Demokratie der politische Streit im Zentrum der öffentlichen Aufmerksamkeit steht, so kann dies doch nicht darüber hinwegtäuschen, dass der größere Teil des öffentlichen Lebens nicht-kontrovers verläuft. Das Besondere am nicht-kontroversen Sektor ist nun, dass er zu einem erheblichen Teil Werte und Normen enthält, die früher durchaus einmal umstritten waren. Die betreffenden Werte und Normen haben im Laufe der Zeit aber so allgemeine Anerkennung gefunden, dass man von ihrer ursprünglichen Kontroversität nichts mehr spürt. Das bedeutet, dass die beiden Sektoren nebeneinander bestehen. Sie sind durch eine Demarkationslinie voneinander getrennt, die nicht ein für allemal festliegt. Die Linie ist vielmehr ständigen Verschiebungen unterworfen. In den Verschiebungen manifestieren sich Wandlungen des Gemeinschaftsbewusstseins und der politischen Kultur des Landes (Fraenkel 1991, 248 f.).

Von den am politischen Prozess beteiligten Akteuren verlangt die Pluralismustheorie zweierlei: Sie sollen sich einerseits der Momente bewusst sein, die sie voneinander trennen. Sie sollen nicht zögern, das Trennende und damit Konflikthafte klar und deutlich herauszuarbeiten. Zum Ausgleich müssen sie andererseits den nicht-kontroversen Sektor anerkennen. Dieser setzt sich aus zwei Komponenten zusammen, nämlich aus Verfahrens- und Spielregeln, die den politischen Willensbildungsprozess steuern, sowie aus einem Kodex legitimierender Grundwerte, die aus abstrakten Prinzipien abgeleitet sind. Zu den *Verfahrens- und Spielregeln* gehören etwa das allgemeine, freie und geheime Wahlrecht, das Mehrheitsprinzip und das Fair Play im Umgang miteinander. Der *Wertekodex* hat eine moralisch regulierende Funktion. Er dient als Richtschnur für die politisch auszuhandelnden Kompromisse. Er soll verhindern, dass die Kompromisse in offenen Widerspruch zum moralischen Gewissen und zum politischen Verantwortungsbewusstsein der Menschen geraten. Im Zentrum des Wertekodex stehen die Menschenwürde und die unveräußerlichen Menschenrechte. Damit hat der Wertekodex einen naturrechtlichen Kern, der ihn den gesellschaftlichen Konflikten entzieht (Fraenkel 1991, 354 f.).

Die Dialektik von Konsens und Dissens, von Einmütigkeit und Konflikt tritt auch in der pluralistischen Gemeinwohlkonzeption zutage. Diese Dialektik unterscheidet sie von den Gemeinwohlvorstellungen totalitärer Diktaturen. Jede totalitäre Diktatur geht nämlich von der Annahme eines eindeutig bestimmbaren vorgegebenen Gemeinwohls aus. Dieses Gemeinwohl braucht dann von der politischen Führung nur noch an die konkreten Umstände angepasst zu werden. Streit

und Konflikte wären völlig dysfunktional. Die pluralistische Demokratietheorie hält demgegenüber daran fest, dass das Gemeinwohl lediglich a posteriori aus einem konflikthaften Prozess der divergierenden Ideen und Interessen der Gruppen und Parteien hervorgehen kann.

Die pluralistische Theorie des Gemeinwohls nimmt den Umstand, dass es weite Gebiete des menschlichen Zusammenlebens gibt, über deren Regelung Meinungsverschiedenheiten zwischen den verschiedenen Gruppen existieren, „nicht nur mit Gleichmut hin, sondern erachtet dies als unvermeidlich, ja geradezu als ein Indiz eines in Freiheit pulsierenden öffentlichen Lebens. [...] Die offene Austragung der in jedem freien Staat unausbleiblichen Meinungsverschiedenheiten und die Kompromisse, durch die diese Konflikte beigelegt werden, betrachtet sie als den einzig geeigneten Weg, eine tragbare Lösung für Probleme zu finden, über die ein *consensus omnium* nicht besteht" (Fraenkel 1991, 300 f.).

Realismus und Institutionalismus – Zwei Theorien der Internationalen Beziehungen

In der internationalen Politik ist ständig mit Konflikten zwischen Staaten zu rechnen. Bei diesen Konflikten geht es um Positionsdifferenzen hinsichtlich zentraler Werte wie Sicherheit, Wohlfahrt und Herrschaft. Es gibt mehrere Möglichkeiten, Positionsdifferenzen zu beseitigen: Der eine Staat kann den anderen Staat mit Gewalt dazu zwingen, ihm Folge zu leisten. Er kann den Konfliktgegner aber auch durch Kompensationen zum Nachgeben bewegen. Schließlich kann er dem Gegenüber durch einen Kompromiss entgegenkommen (Czempiel 1981, 198 f.).

Die Wissenschaft von den Internationalen Beziehungen hat ein umfangreiches Spektrum von Theorien entwickelt, um mit ihnen zum einen die internationale Politik angemessen zu beschreiben und zum anderen Ursachen gewaltsamer Konflikte und Möglichkeiten der Konfliktbearbeitung zu analysieren.

Die Forschung zur internationalen Politik ist klar normativ
ausgerichtet: Die normative Perspektive heißt Frieden.

In den Internationalen Beziehungen gibt es zwei in Konkurrenz zueinander stehende Denkschulen, in denen Konflikte eine zentrale Rolle spielen. Es sind der Realismus und der Institutionalismus. Beide Denkschulen beherbergen mehrere Strömungen, die bestimmte Akzente jeweils etwas anders setzen. So gibt es nicht nur den klassischen Realismus, sondern auch den Neorealismus. Dem Institutionalismus, auch Neoliberalismus genannt, kann man die Regimetheorie zurechnen. Die Differenzierungen verbieten es jedoch nicht, im Realismus und Institutionalismus zwei maßgebliche theoretische Grundmuster zu sehen.

Der *Realismus* wurde bereits in den 1930er und 1940er Jahren entwickelt. Sein maßgeblicher Vertreter ist der aus Deutschland stammende Politikwissenschaftler Hans J. Morgenthau. Im Realismus spiegeln sich die Krisenerfahrungen der damaligen Zeit, unter anderem der Vertrauensverlust in die Leistungsfähigkeit friedenserhaltender internationaler Organisationen, konkret: des Völkerbundes. Der Realismus geht vom konkurrierenden Streben der Staaten nach Macht und Sicherheit und vom Konflikt als der Grundkonstante der Weltpolitik aus. Das Streben nach Macht ist die entscheidende Triebkraft. Sie überlagert andere Motivationen, wie etwa moralische Maßstäbe oder kosmopolitische Bestrebungen. Der Realismus ist damit ein Konfliktansatz par excellence.

Hans J. Morgenthau
(1904-1980)

Weil das Streben nach Machterhaltung und Machtmehrung, manchmal aber auch nur nach Machtdemonstration die Grundlage jeder politischen Handlung ist, ist ihr angemessenes Verständnis der Schlüssel zum Verständnis der internationalen Politik (Morgenthau 1963, 69, 81). Ergebnis dieser Verständnisbemühung kann in den Augen des Realismus nur die Erkenntnis sein, dass die nach außen gerichtete Politik der Staaten nicht irgendwelche Ideale, sondern ausschließlich die Durchsetzung der eigenen Interessen zum Ziel hat. Im Zentrum dieser Interessen steht die Sicherung der eigenen staatlichen Existenz in einer als feindlich wahrgenommenen Umwelt. Diese Situation verlangt den Erwerb von immer mehr Macht, denn nur, wenn der Staat mächtiger ist als die anderen Staaten, kann er sich sicher fühlen. Da nun alle Staaten eine solche Politik verfolgen, herrscht insgesamt ein Zustand großer Unsicherheit. Weil die internationale Welt von Konkurrenz, nicht von Kooperation bestimmt ist, ist die Wahrscheinlichkeit von Konflikten groß. Konflikte können geradezu als symptomatischer Ausdruck für die Befindlichkeit des internationalen Systems gelten (Roloff 2002, 105, 110 f.).

Der Realismus in seiner ursprünglichen Gestalt ist anthropologisch begründet. Er folgt dem überaus pessimistischen Menschenbild, das Thomas Hobbes vor 350 Jahren in der Situation des englischen Bürgerkrieges entwickelte.

Thomas Hobbes
(1588-1679)

Hobbes hielt den Konflikt, d.h. den „Krieg eines jeden gegen jeden" für die natürliche Ausgangssituation des Menschen, die jeder zu überwinden versucht. Für Hobbes resultiert der Konflikt aus der relativen Gleichheit und Ebenbürtigkeit der Menschen. Zur Begründung führte er an: „Aus dieser Gleichheit der Fähigkeiten entsteht eine Gleichheit der Hoffnung, unsere Absichten erreichen zu können. Und wenn daher zwei Menschen nach demselben Gegenstand streben, den sie jedoch nicht zusammen genießen können, so werden sie Feinde und sind in Verfolgung ihrer Absicht, die grundsätzlich Selbsterhaltung und bisweilen nur Genuss ist, bestrebt, sich gegenseitig zu vernichten oder zu unterwerfen." Es ist daher ein Gebot der Vernunft für jeden Akteur, „mit Gewalt oder List nach Kräften jedermann zu unterwerfen, und zwar so lange, bis er keine andere Macht mehr sieht, die groß genug wäre, ihn zu gefährden. Und dies ist nicht mehr, als seine Selbsterhaltung erfordert, und ist allgemein erlaubt." Insgesamt gibt es nach Hobbes drei hauptsächliche Konfliktursachen: „Erstens Konkurrenz, zweitens Misstrauen, drittens Ruhmsucht. Die erste führt zu Übergriffen des Menschen des Gewinnes, die zweite der Sicherheit und die dritte des Ansehens wegen" (Thomas Hobbes, Leviathan oder Stoff, Form und Gewalt eines kirchlichen und bürgerlichen Staates. Teil I, 13. Kapitel). Die beiden ersten Konfliktursachen lassen sich ohne Schwierigkeiten auf die Staaten übertragen.

Der Neorealismus begründet die Konflikthaftigkeit der internationalen Politik nicht mit anthropologischen Argumenten. Er sieht vielmehr in der als anarchisch begriffenen Struktur der internationalen Beziehungen die entscheidende Voraussetzung für die Konflikte: Da es keine Instanz jenseits der Staaten, wie etwa eine Weltregierung, gebe, die für alle Staaten gültige Regeln setze und diese notfalls gewaltsam durchsetze, müssten die Staaten in ständiger Unsicherheit über die Absichten der anderen Staaten leben und seien zur Selbsthilfe gewissermaßen verdammt (Hubel 2005, 27 f.).

Die Herstellung eines dauerhaften Friedens erhofft sich der Realismus nicht von einem Gleichgewicht der Mächte, sondern von einem *Frieden durch Ausgleich.* Das Instrument dieser Friedensbemühung ist die Diplomatie. Der Realismus plädiert für eine kluge, das eigene Machtpotential nicht überschätzende sowie die Perspektiven anderer Staaten berücksichtigende Diplomatie. Als wichtige Voraussetzungen für den erfolgreichen Einsatz der Diplomatie werden folgende Erfordernisse genannt: Aufgabe jeglichen außenpolitischen Dogmas und Sendungsbewusstseins. Beharren auf der Verteidigung der nationalen Sicherheit, d.h. der Integrität des eigenen Territoriums. Beurteilung der politischen Lage auch vom Standpunkt der jeweils anderen Staaten. Kompromissbereitschaft in nicht lebenswichtigen Fragen (Morgenthau 1963, 450 ff., 471 ff.). Es zeigt sich also, dass der Realismus trotz seiner pessimistischen Grundannahmen in Hinsicht auf die Friedensbewahrung durchaus nicht pessimistisch ist (Jacobs 2006, 53).

Der *Institutionalismus* ist eine Theorie aus den 1980er Jahren, die vor allem in den Vereinigten Staaten entwickelt wurde. Sie erforscht die Interdependenzen zwischen den einzelnen Staaten sowie das Entstehen und Funktionieren internationaler Organisationen. Sie erwartet von einer zunehmenden Institutionalisierung der internationalen Beziehungen durch Regelwerke und Organisationen die Überwindung der

Staatenanarchie und folglich auch des Sicherheitsdilemmas. Der Institutionalismus setzt mithin auf die Kooperation zwischen den Staaten.

Der Institutionalismus teilt durchaus einige Grundannahmen des Realismus. So versteht er wie der Realismus die internationalen Beziehungen grundsätzlich als von der Politik der Staaten bestimmt. Ihm ist auch klar, dass sich seine Überlegungen vorrangig auf die Staaten und ihr Verhältnis zueinander konzentrieren müssen. Er bestreitet jedoch, dass dieses Verhältnis notwendigerweise konflikthaft sein muss. Seine Grundannahme lautet vielmehr, dass ein friedlich geregeltes Zusammenleben auch zwischen unterschiedlich geprägten politischen Gemeinwesen grundsätzlich möglich ist.

Der Institutionalismus steht in einer geistigen Tradition, die von dem im 17. Jahrhundert wirkenden Völkerrechtler Hugo Grotius begründet wurde. Diese Tradition begreift

Hugo Grotius
(1583-1645)

internationale Regeln und Institutionen als Instrumente, um die Anarchie der Staatenwelt und damit mögliche Konflikte einzuschränken oder zu überwinden. Der Institutionalismus postuliert folglich eine zunehmende Verregelung und Institutionalisierung der Weltpolitik: So muss das Völkerrecht auf weitere Felder der internationalen Beziehungen ausgeweitet werden. Immer neue internationale Organisationen müssen geschaffen werden. Bestehende Organisationen müssen mit zusätzlichen Kompetenzen ausgestattet werden (Hubel 2005, 36, 40 f.).

Der Institutionalismus scheint eher eine Kooperationstheorie als eine Konflikttheorie zu sein, betont er doch stark die zwischenstaatliche Kooperation. Dennoch ist der Institutionalismus eine implizite Konflikttheorie. Denn er befasst sich intensiv mit dem Modus des Konfliktaustrages, also mit der Konfliktbearbeitung. Dabei stützt er sich auf die Einsicht, dass sich Konflikte durch die Veränderung der Beziehungsstrukturen zwischen den Akteuren bewältigen lassen. Konflikte lassen sich nach Überzeugung des Institutionalismus jedoch nicht endgültig beseitigen. Deshalb

hält er die Institutionalisierung von Formen des Konfliktaustrages für so wichtig. Mit dieser Auffassung bewegt sich
das Konfliktverständnis des Institutionalismus in der Nähe
der liberalen Konflikttheorie.

Der Institutionalismus ist davon überzeugt, dass Institutionen aufgrund der von ihnen hervorgerufenen Verhal-
tensänderung dazu beitragen, die Wahrscheinlichkeit eines
gewaltsamen Konfliktaustrages herabzusetzen. Man wird
ihm darin zustimmen können, dass es nicht zu einer direkten
Gewaltanwendung kommt, wenn sich alle Beteiligten freiwil-
lig an die Konfliktregelungsmechanismen halten (Spindler
2002, 146 ff.).

5. Verhandeln, Vermitteln und Schlichten

Möglichkeiten der Streit- und Konfliktbeilegung

Konflikte verlangen eine Bearbeitung, damit sie beigelegt werden. Der übliche Weg hierzu im Zusammenleben von Familie und Nachbarschaft ist das Gespräch. Das Berufsleben kennt einige weitere Instrumente der Konfliktbeilegung: Man informiert den Betriebs- oder Personalrat. Man sucht die Aussprache mit dem unmittelbaren Vorgesetzten. Man beschwert sich über diesen beim übergeordneten Vorgesetzten.

Ein Blick in die Lebenswelt, die Gesellschaft, die Politik und das internationale Geschehen zeigt, dass es insgesamt drei prinzipielle Mittel der Konfliktbeilegung gibt. Es sind die Verhandlung, die Vermittlung und die Schlichtung.

Verhandeln lässt sich jederzeit und überall. Es verlangt eigentlich nur, dass die Konfliktparteien sich zusammensetzen, über die strittigen Punkte sprechen und eine Einigung versuchen. Verhandlungen können aber auch in eigens dafür vorgesehenen Gremien geführt werden. In solchen Gremien treffen sich dann die Parteien, um die Konfliktgegenstände eingehend zu erörtern und nach bestimmten Verfahrensvorgaben zu entscheiden.

Die *Vermittlung* besteht darin, dass ein „Dritter", d.h. eine in den Konflikt nicht verwickelte Person oder Instanz, hinzugezogen wird. Der Vermittler steht zwischen den streitenden Parteien und hindert sie an der offenen, gegebenenfalls gewaltsamen Konfliktaustragung. Die Parteien hören den Vermittler an. Eventuell entwirft dieser sogar einen Vermittlungsvorschlag, den die Konfliktparteien annehmen können, aber nicht müssen. In bestimmten Fällen gibt es sogar die Vorschrift, dass eine Vermittlung stattgefunden haben muss, bevor die Konfliktparteien weitere Maßnahmen ergreifen dürfen.

Schlichtung bedeutet, dass ein Dritter den Konflikt regelt. Die Entscheidung des Schlichters muss befolgt werden. Die Schlichtung kann verschiedene Formen annehmen. So kann es im Belieben der Konfliktparteien liegen, ob sie einen Schlichter anrufen oder nicht. Die Schlichtung ist hier mithin ein Akt der freien Entscheidung. Es kann aber auch vorgeschrieben sein, einen Schlichter einzusetzen. Man spricht dann von Zwangsschlichtung. Schließlich ist es so, dass entweder die Konfliktparteien den Schlichter selbst bestimmen dürfen oder es aber fest vorgesehene Schlichtungsinstanzen gibt (Dahrendorf 1972, 42 f.).

Verhandeln: Direkte Kommunikation zwischen den Konfliktparteien

Verhandeln ist der gemeinsame Versuch der Konfliktparteien, in einem Prozess der gegenseitigen Beeinflussung zu einer gemeinsamen Neubewertung strittiger Sachverhalte, Interessen oder Güter zu gelangen. Bei genauerem Hinsehen lässt sich das Verhandeln vom Aushandeln unterscheiden. Beim Verhandeln unterbreiten die Parteien Vorschläge, um zu einem Übereinkommen zu gelangen. Aushandeln ist ein eher stillschweigender Prozess ohne ausdrückliche Verhandlungsangebote. Die Kontrahenten beobachten vielmehr ihr wechselseitiges Verhalten in dem Bewusstsein, dass die eigenen Handlungen von der anderen Seite interpretiert werden. Aus der gegenseitigen Beobachtung resultiert dann irgendwann ein beiderseits akzeptiertes Ergebnis (Bühl 1976, 68).

Das Verhandeln ist dort eine vernünftige Option, wo es gemeinsame Interessenbereiche zwischen den Konfliktparteien gibt und außerdem Einigungsvorteile vorhanden sind. Falls es solche Vorteile nicht gibt, ist es eigentlich rationaler, passiv zu bleiben. Verhandlungen sind weiterhin nur sinnvoll, wenn eine Reihe von Bedingungen erfüllt ist: So müssen die Beteiligten sich gegenseitig akzeptieren, sich also eine gewisse Legitimität zugestehen. Sie müssen in den Vorstellungen von Fairness übereinstimmen. Sie müssen die Absicht haben, ehrlich zu verhandeln und eine Lösung zu erzielen. Schließlich müssen sie das Verhandeln als eine attraktive Alternative zur gewaltsamen Eskalation wie auch zu den anderen Instrumenten der Konfliktbeilegung einschätzen (Eckert & Willems 1992, 82 f.)

In strategischer Hinsicht gibt es integratives und wettbewerbsorientiertes Verhandeln. Beim *integrativen Verhandeln* ergänzen sich die Ziele der Parteien. Das Verhandeln fällt leicht. Ergebnisse sind schnell erreichbar. Beim *wettbewerbsorientierten Verhandeln* handelt es sich um ein sogenanntes Nullsummenspiel. Das meint: Der Gewinn der einen Partei schlägt sich als Niederlage der anderen Partei nieder. Oder in anderer und genauerer Formulierung: Was der eine an Vorteilen gewinnt, ist im Umfang gleich mit dem, was der andere verliert. Das Verhandeln ist hier also deutlich anspruchsvoller. Und es ist das Risiko gegeben, den Verhandlungsort als Verlierer zu verlassen.

Im Grunde stehen den Parteien in wettbewerbsorientierten Verhandlungssituationen vier strategische Möglichkeiten offen: Entweder praktizieren sie eine Strategie des einseitigen Sich-Durchsetzens ihrer Interessen, was den Einsatz von Drohungen und gegebenenfalls Nötigungen einschließen kann. Oder sie entscheiden sich für die genau entgegengesetzte Strategie des einseitigen Nachgebens: Sie kommen dem Gegner vollständig entgegen, um den Streit zu beenden. Oder sie wählen die Kompromissstrategie, indem sie die eigene Position nur moderat verfolgen und darauf achten, dass die Gegenseite auch Vorteile erhält. Oder sie optieren für die Strategie des Ausweichens, indem sie nichts zur Konfliktbeilegung tun. Sie setzen auf Zeit in der Hoffnung, dass sich der Konflikt nach einer Weile entweder von selbst erledigen wird oder die Lage sich zu einem späteren Zeitpunkt zu ihren Gunsten verändert haben wird.

Auch das Verhandlungsverhalten kann sehr unterschiedlich sein. Es gibt den sogenannten *rationalen Verhandler*, der das Zeigen von Emotionen als Schwäche und als Zeichen von Verlust der Verhandlungskontrolle ansieht. Für die entgegengesetzte Auffassung steht der sogenannte *positive Verhandler*. Er bemüht sich, eine positive Stimmung während der Verhandlung zu verbreiten, da er davon ausgeht, dass der

Konfliktgegner sich in einer solchen Atmosphäre kooperativer verhält, bereitwilliger Informationen austauscht und sich kreativ an der Problemlösung beteiligt. Schließlich gibt es noch den *irrationalen Verhandler*, der unter Nutzung extrem negativer bis irrationaler Verhaltensweisen wie Wut oder Empörung Vorteile in Verhandlungssituationen zu erzielen versucht. Der irrationale Verhandler zeigt seinem Gegenüber, dass er bereit ist, große Risiken einzugehen (Deller, Frey & Schoop 2006, 702 ff.).

Wer in eine Verhandlung eintritt, ist gut beraten, seine Position und die des Konfliktgegners zu durchdenken. Hierbei kann ein Fragebogen zur Konfliktanalyse behilflich sein.

Fragebogen zur individuellen Konfliktanalyse

1. Wo liegen die Differenzen, Streitpunkte?
2. Wie bereit bin ich überhaupt, mich mit dem Konflikt auseinanderzusetzen?
3. Ist es überhaupt notwendig, mich mit dem Konflikt auseinanderzusetzen?
4. Welche Anderen sind an dem Konflikt beteiligt? Welche Interessen und Ziele verfolgen diese Anderen?
5. Habe ich und haben die Anderen neben den offen vorgetragenen noch weitere, versteckte Ziele?
6. Was eigentlich hat den Konflikt ausgelöst?
7. Was wurde bisher von wem versucht, den Konflikt zu lösen? Woran sind bisherige Versuche gescheitert?
8. Wie groß ist meine Bereitschaft und die der anderen Seite zu einer gemeinsamen Lösung?
9. Wen kann ich zur Unterstützung bei der Konfliktregelung heranziehen? Wer genießt das Vertrauen auch der anderen Seite?
10. Welche Konfliktlösungsmöglichkeit favorisiere ich? Welche Reaktionen wird sie vermutlich bei der Gegenseite auslösen?
11. Welche Konfliktlösung ist möglicherweise so vorteilhaft, dass ihr beide Seiten zustimmen könnten?

nach Wellhöfer 2007, 81

Verhandlungen werden auf allen Konfliktebenen geführt. Im zwischenmenschlich-lebensweltlichen Bereich gibt es etwa die *Familienkonferenz,* d.h. eine Zusammenkunft aller Familienmitglieder zur Klärung und Beilegung familiärer Konflikte. Psychologen empfehlen, in der

Familienkonferenz die Konflikte so zu regeln, dass niemand eine Niederlage erleidet.

Im Wirtschaftsleben gibt es die *Tarifverhandlung* zwischen der Arbeitgeber- und der Arbeitnehmervertretung einer Branche, also des Arbeitgeberverbandes und der Gewerkschaft, mit dem Ziel, für ein bestimmtes Gebiet einen Tarifkonflikt über die Arbeitsbedingungen und die angemessene Entlohnung einvernehmlich zu beenden.

Die Politik im demokratischen Verfassungsstaat kennt eine Vielzahl von Verhandlungen und Verhandlungsorten. Am prominentesten ist der *Vermittlungsausschuss* gemäß Artikel 77 GG. Er setzt sich aus einer gleichen Anzahl von Mitgliedern des Bundestages und des Bundesrates zusammen und wird aktiv, wenn es einen Konflikt zwischen Bundestags- und Bundesratsmehrheit über die Gestaltung eines Gesetzes gibt. Die Verfassung erwartet, dass der Ausschuss die Gesetzgebungsblockade auflösen kann. Verhandelt wird jedoch nicht nur im Vermittlungsausschuss. Jeder Ausschuss des Bundestages ist

Sitzung eines Vermittlungsausschusses

Versailler Friedenskonferenz (William Orpen, The Signing of Peace in the Hall of Mirrors)

ein Verhandlungsgremium. In ihm stoßen unterschiedliche politische Vorstellungen aufeinander. Im begrenzten Rahmen können sie im Ausschuss zum Ausgleich gebracht werden.

In der internationalen Politik spielen Verhandlungen im Rahmen von Konfliktbeendigungen eine herausgehobene Rolle. Jede *Friedenskonferenz* legt hiervon Zeugnis ab. Sitzen sich bei einer solchen Konferenz Sieger und Besiegte gegenüber, kann jedoch nur schwerlich von gleichen Verhandlungspositionen gesprochen werden. Immerhin drückt die Beteiligung des Besiegten an der Verhandlung den Willen des Siegers aus, mit dem Unterlegenen und nicht nur über ihn zu verhandeln. Immer aber ist die Gefahr gegeben, dass der Sieger dem Besiegten einen unfairen Friedensvertrag oktroyiert und so den Keim zu einem zukünftigen Konflikt legt.

In der internationalen Politik gibt es nicht nur Friedens-konferenzen am Ende kriegerischer Konflikte. Verhandlungen werden vor allem als probates Mittel der Streitbeendigung vor dem offenen Ausbruch von Feindseligkeiten angesehen. Die UN-Charta listet in Artikel 33 neun Möglichkeiten für eine friedliche Beilegung von Streitigkeiten zwischen Staaten auf, darunter an erster Stelle die Verhandlung. Es folgen die Untersuchung, die Vermittlung, der Vergleich, der Schieds-spruch, die gerichtliche Entscheidung, die Inanspruchnahme regionaler Einrichtungen oder Abmachungen sowie andere friedliche Mittel. Die Charta unterstreicht die Ernsthaftigkeit ihrer Absicht, es gar nicht erst bis zum Konfliktausbruch kommen zu lassen, indem sie den Sicherheitsrat ermächtigt, die Streitparteien aufzufordern, sich dieser Mittel zu bedienen, wenn sie es nicht von selbst tun.

Vermitteln:
Einschaltung eines neutralen Dritten

Die Einschaltung eines Vermittlers liegt dann nahe, wenn die Konfliktparteien zu der Einsicht gelangen, dass ohne Hilfe eines unabhängigen Dritten eine Lösung des Konfliktes wohl nicht gelingen wird. Denn allein schon von der Anwesenheit eines Dritten können positive Effekte ausgehen, indem näm-lich die Kommunikation sich entspannt (Redlich & Mironov 2003, 277). Eine Vermittlung ist jedoch nur sinnvoll, wenn beide Parteien noch zur Kooperation bereit sind. Die Bezie-hung zwischen ihnen darf also nicht tief zerrüttet sein. Eine Vermittlung wird auch scheitern, wenn von einer der Parteien die eigene Position als einzig zulässige angesehen wird. Dies ist etwa bei Fundamentalisten, Fanatikern und autoritären Persönlichkeiten der Fall. Voraussetzung für die Einschaltung eines Vermittlers ist weiterhin, dass beide Konfliktparteien ihn um seine Hilfe anrufen. Es gibt allerdings auch Fälle, in denen die Durchführung eines Vermittlungsverfahrens als Vorstufe einer nachfolgenden Schlichtung vorgeschrieben ist.

An die Vermittlung richten sich zwei hohe Erwartungen. Die eine Erwartung ist die Versachlichung des Konfliktes. Das verlangt von den Parteien, den Konflikt zu objektivieren und von Emotionen zu befreien. Konkret bedeutet dies die Relativierung der häufig bei den Konfliktparteien fest verankerten Überzeugung, sie seien mit ihrer Sicht im Recht und die andere Seite folglich im Unrecht. Zur Versachlichung gehört weiterhin, dass Optionen entwickelt, Alternativen erwogen und auch bisher nicht wahrgenommene Konfliktelemente erkannt und thematisiert werden.

Die andere Erwartung ist die Hoffnung auf eine wirkliche Befriedung des Konfliktes. Das erfordert vom Vermittler die Erarbeitung einer für beide Seiten fairen Lösung der strittigen Punkte. Konkret bedeutet dies, eine Vereinbarung zwischen den Streitparteien zustande zu bringen, bei der beide Seiten gewinnen. Eine solche Vereinbarung könnte etwa die Gestalt eines Vergleichs annehmen. Bei einem *Vergleich* müssen beide Parteien nachgeben. Keine Position kann für sich alleinige Geltung beanspruchen. Für beide Seiten ist der Vergleich also eine akzeptable, wenn auch keine optimale Lösung. Gelingt eine solche Vereinbarung, ist eine konsensuelle Beilegung des Konfliktes gleichwohl zu erwarten.

Der Vermittler hat nicht die Autorität, den Konfliktparteien eine Lösung aufzuzwingen. Die Parteien müssen in die Vereinbarung einwilligen. Dies hat etwa gegenüber einer Gerichtsentscheidung einen großen Vorteil. Die vermittelte Lösung vermag nämlich ein starkes Gefühl der Verpflichtung gegenüber der vereinbarten Entscheidung zu produzieren. Denn das Ergebnis ist nicht auferlegt, sondern durch aktive Teilnahme und Einverständnis der Parteien zustande gekommen. Weiterhin haben die Parteien im Verhältnis zu einem Gerichtsverfahren eine größere Kontrolle hinsichtlich der eingebrachten Aspekte wie auch hinsichtlich des Entscheidungsprozesses. Schließlich vermeidet eine Vermittlung auch jegliche Schuldzuweisung (Eckert & Willems 1992, 83 f.). Dies ist ganz besonders wichtig in Konflikten, bei denen die Beteiligten in einer langfristigen Beziehung zueinander stehen, wie es bei Familien, Nachbarschaften und am Arbeitsplatz der Fall ist.

Gerade bei zwischenmenschlichen Konflikten hat die

Einschaltung eines Vermittlers anstatt einer Klage vor Gericht große Vorteile. Zunächst sind Konflikte oft gar nicht justiziabel. Sind sie es aber und steht damit der Gang zum Gericht offen, bleibt das Risiko, ob eine Klage erfolgreich sein wird. Zudem gibt es häufig wegen der Klageflut lange Wartezeiten vor Gericht. Weiterhin gibt es in Gerichtsprozessen Gewinner und Verlierer. Die Verlierer sehen ein Urteil oftmals als ungerecht an. Deshalb gibt es ein Nachdenken darüber, ob denn in allen justiziablen Konflikten die Beschreitung des Rechtsweges die beste Entscheidung ist. Die Parteien könnten auch versuchen, durch Verhandlung oder Vermittlung zu einer einvernehmlichen Lösung zu kommen (Montada 2009, 811).

Die bekannteste Form der Vermittlung ist die *Mediation*. Sie hat sich aus der Praxis der außergerichtlichen Konfliktregelung heraus entwickelt. In das Konzept der Mediation sind Erkenntnisse der psychologischen Verhandlungsforschung und der soziologischen Konfliktforschung eingeflossen. Daraus hat sich ein Bild der Mediation entwickelt, das folgende Anforderungen an die Ausübung dieser Funktion stellt: Der Mediator muss um eine gute Kommunikation bemüht sein. Er muss klar die vertretenen Positionen artikulieren können. Er muss produktiv mit den Emotionen der Parteien umgehen können. Er muss die Tiefenstrukturen der Konflikte aufdecken. Er muss effizient bei drohenden Eskalationen intervenieren. Um Fairness auch bei ungleicher Einflussmacht der Parteien zu gewährleisten, muss er gegebenenfalls aktiv eingreifen. Er muss Manipulationsversuchen entgegentreten. Er muss verschiedene Lösungsoptionen entwickeln und diese danach bewerten, ob beide Seiten gewinnen. Er muss die Texte von Vereinbarungen klar gestalten. Er muss dafür Sorge tragen, dass die angestrebte Vereinbarung gerecht ist, und zwar im Verhältnis der Parteien zueinander wie auch im Verhältnis zu unbeteiligten Dritten und zur Allgemeinheit (Montada 2009, 813, 850).

Eine Mediation verläuft im Prinzip in fünf Schritten. Am Beginn stehen die Vorbereitungen des Mediators: Er sammelt erste Informationen über den Konflikt. Er bereitet die äußeren Rahmenbedingungen für die Treffen der Konfliktparteien vor.

Der zweite Schritt ist das Eröffnungstreffen: Der Mediator stellt seine Rolle sowie die Spielregeln vor. Anschließend erläutern die Parteien ihre Sicht der Dinge. Es kommt darauf an, die inhaltliche Diskussion strittiger Punkte zunächst zu vermeiden. Für einen Verhandlungserfolg ist es nämlich wesentlich, die Sichtweise der Gegenseite in Ruhe anzuhören und wirklich zu verstehen zu versuchen. Ein zugelassenes frühzeitiges Streitgespräch führt hingegen dazu, dass die Parteien nicht zuhören, sondern sich auf die beabsichtigte eigene Stellungnahme und Kritik konzentrieren.

Als dritter Schritt erfolgen Einzelgespräche mit den Parteien: Hier sammelt der Mediator in vertraulichen Gesprächen weitere Informationen. Und er bereitet die Parteien auf den nächsten Schritt, die gemeinsame Sitzung vor.

Dem vierten Schritt, der gemeinsamen Sitzung, kommt entscheidende Bedeutung zu. Auf dieser Sitzung praktiziert der Mediator eine Art Wechseldiplomatie: In Gestalt von

Wahrnehmungsklärung

Phase 1: Die Konfliktparteien beschreiben getrennt ihr Selbst- (so sehen wir uns) und ihr Fremdbild (so sehen wir die Anderen).

Phase 2: Die Konfliktparteien treffen sich und präsentieren ihr jeweiliges Fremdbild.

Phase 3: Die Konfliktparteien vergleichen getrennt das erfahrene Fremdbild mit ihrem Selbstbild. Sie fragen sich, welche Verhaltensweisen dazu beigetragen haben, dass das Fremdbild entstehen konnte.

Phase 4: Die Konfliktparteien treffen sich erneut und tauschen ihre gefundenen Erklärungen für die unterschiedlichen Wahrnehmungen aus.

Phase 5: Beide Seiten vereinbaren Verhaltensweisen für die Zukunft, um künftig die verzerrte Wahrnehmung zu vermeiden.

Rollenaushandlung

Phase 1: Die Konfliktparteien schreiben getrennt auf, welche Verhaltensweisen sie sich in Zukunft von der anderen Seite wünschen.

Phase 2: Die Konfliktparteien treffen sich und informieren sich gegenseitig.

nach Wellhöfer 2007, 84 ff.

Einzelgesprächen mit jeweils einer Seite versucht er, eine Annäherung der Standpunkte voranzutreiben.

Im fünften Schritt, dem Abschlusstreffen, testet der Mediator im Zusammenwirken mit den Parteien zunächst die möglichen Schwachpunkte eines denkbaren Übereinkommens. Danach treffen die Parteien entweder eine Übereinkunft oder brechen die Mediation ohne Ergebnis ab (Redlich & Mironov 2003, 279).

Mediatoren berichten immer wieder, dass zwischenmenschliche Konflikte vor allem durch verzerrte Wahrnehmungen der jeweils anderen Seite belastet sind. Sie halten es für eine wichtige Voraussetzung einer Konfliktbeilegung, dass die Beteiligten ihr einseitiges Bild vom Anderen erkennen und bereit sind, es in Frage zu stellen und zu korrigieren. Zu diesem Zweck müssen sie als Erstes ihre Wahrnehmung analysieren. Das Vorgehen besteht darin, dass die Konfliktparteien ihre subjektiven Vorurteile aussprechen, austauschen und gegenseitig zur Kenntnis nehmen. Sie erfahren dadurch, dass ihre Selbstwahrnehmung und ihre Wahrnehmung des Anderen relativ sind. Wenn sie dies getan haben, folgt eine Aushandlung des jeweils vom Anderen gewünschten Verhaltens. Die Psychologie teilt die *Wahrnehmungsklärung* in fünf Phasen ein.

Mediationen gibt es auf allen Konfliktebenen, angefangen bei zwischenmenschlichen Konflikten, etwa in der Schule oder am Arbeitsplatz, über soziale und politische Konflikte, beispielsweise über umstrittene Infrastrukturprojekte, bis hin zu internationalen Konflikten (Scholz 2006, 748).

So erkennen die Schulen zunehmend die Bedeutung der Mediation zur Beilegung von Streitigkeiten zwischen zwei Schülern. Als Mediatoren fungieren dabei Schüler und nicht Lehrer. Würden nämlich Lehrer die Streitbeendigung vornehmen, käme es höchstwahrscheinlich zu Sanktionen für einen oder für beide Schüler. Es gäbe also Verlierer. Der Lehrer hätte gewissermaßen als Richter fungiert. Die Streitenden wären seinem Urteil ausgesetzt. Die *schulische Konfliktmediation* will genau dies vermeiden. So treffen Schüler als Mediatoren den richtigen Umgangston der Streitenden. Sie unterstützen die Streitenden dabei, ihre Wünsche und Interessen zu identifizieren und zum Ausdruck zu bringen. Sie sind gehalten, auf Kompromisse und eine Versöhnung hinzuwirken. Die bisherigen Erfahrungen zeigen, dass die Konfliktmediation eine wichtige Rolle bei der Förderung einer friedfertigen Schulkultur spielt.

Eine große Tradition in Deutschland weist die Einrichtung des Schiedsamtes auf. Das *Schiedsamt* ist eine ehrenamtlich ausgeübte Tätigkeit zur Schlichtung vor allem bürgerlicher Rechtsstreitigkeiten. Es gibt in Deutschland über 10.000 Schiedspersonen. Ihr Wirkungskreis ist identisch mit dem der Gerichtsbezirke. Für die Streitschlichtung durch Schieds-personen kommen nachbarschaftsrechtliche Strei-tigkeiten, weiterhin vermögensrechtliche Konflikte, etwa Schadensersatzansprüche, sowie Streitigkeiten wegen Ver-letzung der persönlichen Ehre in Frage. Zuständig sind die Schiedspersonen aber auch in leichten Strafsachen, wenn das Interesse der Staatsanwaltschaft an einer Strafverfolgung fehlt. Dies trifft beispielsweise auf Hausfriedensbruch, üble Nachrede, Verleumdung, Verunglimpfung des Andenkens Verstorbener, Bedrohung und Sachbeschädigung zu. Schieds-personen werden auf Antrag einer Konfliktpartei tätig. Ist ein Schiedsverfahren, das nur geringe Kosten verursacht, eröffnet, sind beide Konfliktparteien verpflichtet, persönlich zu erscheinen. Die Schiedsperson versucht, mit den Parteien einen Vergleichsvorschlag zu erarbeiten. Gelingt dies, erhält der Vergleich unmittelbar nach Unterzeichnung durch die Beteiligten Rechtskraft.

Seit einigen Jahren gibt es für bestimmte Rechtsmaterien sogar die Pflicht, vor Einreichung einer Klage bei einem Gericht eine einvernehmliche Beilegung des Streites versucht zu haben. Der Bundestag ermächtigte im „Gesetz zur Förderung der außergerichtlichen Streitbeilegung" die Länder, entsprechende Regelungen zu erlassen. So gibt es etwa in Bayern seit dem Jahr 2000 das „Gesetz zur obligatorischen Streitschlichtung in Zivilsachen". Es schreibt vor, dass vor allem beim Nach-barschaftsstreit eine Klage vor dem Amtsgericht erst erhoben werden kann, wenn die Parteien den Versuch unternommen haben, die Streitigkeit vor einer Schlichtungs- oder Gütestelle gütlich beizulegen, und dieser Versuch erfolglos geblieben ist. Die Absicht des Gesetzes liegt auf der Hand: Die Gerichte sollen vor einer Prozessflut bewahrt werden.

Der Klärung interkultureller Konflikte in den Betrieben nehmen sich sogenannte *Kulturmittler* an. Sie greifen ein, wenn ihnen Vorurteile von Deutschen gegenüber Ausländern, aber auch von Ausländern gegenüber Deutschen zu Ohren kommen. Die Kulturmittler versuchen, mit den Kontrahenten ins Gespräch zu kommen, damit aus kleinen Misstönen keine großen Konflikte werden. Die Kulturmittler müssen unterscheiden können, um welchen Konflikt es sich jeweils handelt. So gibt es durch Wissensaufklärung leicht lösbare Kommunikationskonflikte. Sie betreffen etwa die Art der Begrüßung, die Art des Miteinandersprechens, das Zeitverständnis und das Ehrgefühl. Schwieriger zu handhaben sind Wertekonflikte. Sie betreffen Rollenbilder sowie die Wertigkeit von Familie und Religion. Hier bedarf es intensiver Gespräche zwischen den Kontrahenten. Die größten Probleme bereiten Anerkennungskonflikte: Sie bestehen darin, dass andere Menschen nicht in ihrer Gleichwertigkeit anerkannt werden. Hier hilft nur der Hinweis auf das Gesetz (Böhm 2008, 7 f.).

Bei Tarifverhandlungen ist eine *Schlichtung* ein zwischen Gewerkschaften und Arbeitgeberverbänden vereinbartes Verfahren, um ins Stocken geratene Tarifverhandlungen ohne Arbeitskampf zum Ende zu bringen. Schlichtungsverfahren in Tarifverhandlungen können von Fall zu Fall formlos vereinbart werden. In der Regel einigen sich die Tarifparteien auf einen neutralen Vermittler. Dieser schlägt nach Gesprächen mit den Parteien einen Kompromiss vor. Wenn der Vorschlag nicht angenommen wird, kann es zum Streik kommen, um eine erneute Verhandlung zu erzwingen.

Im Öffentlichen Dienst haben sich die Tarifparteien sogar vertraglich auf ein bestimmtes Schlichtungsverfahren festgelegt. Hiernach können die Tarifparteien einzeln oder zusammen eine paritätisch zusammengesetzte *Schlichtungskommission* anrufen und diese mit der Erarbeitung eines Schlichtungsvorschlages beauftragen. Ein unparteiischer Vorsitzender gibt mit seiner Stimme notfalls den Ausschlag,

Die Schlichtung im Rahmen von Tarifauseinandersetzungen

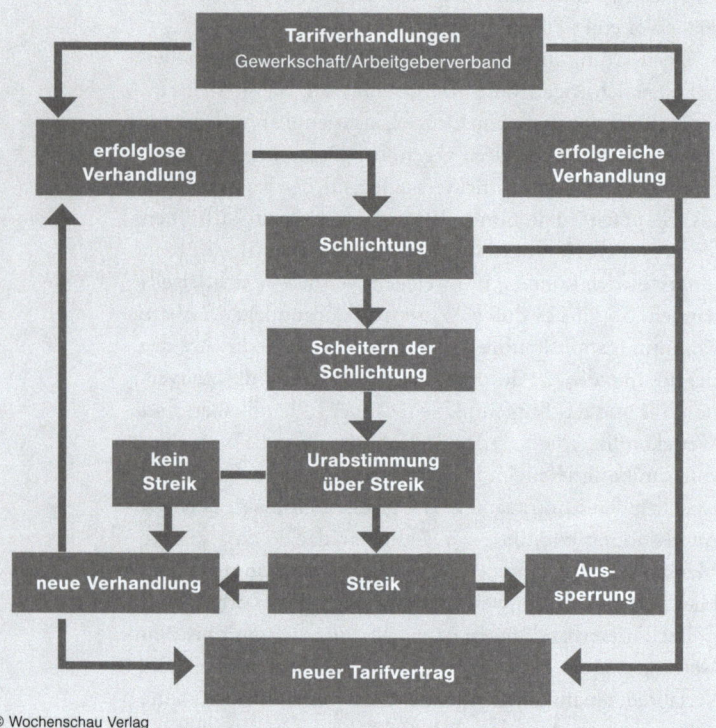

© Wochenschau Verlag

wenn sich für den Schlichterspruch keine einstimmige Einigung erreichen lässt. Nach dem Schlichterspruch haben die Tarifparteien drei Tage Zeit, um über den Schlichterspruch zu verhandeln. Sollte es dann immer noch keine Einigung geben, werden die Tarifverhandlungen als endgültig gescheitert angesehen. Die Gewerkschaft ist dann berechtigt, den Arbeitskampf zu beginnen.

Große Infrastrukturprojekte sind in der Bevölkerung zunehmend umstritten. Bürger gehen auf die Straße, wenn in ihrer Region ein Flughafen ausgebaut, ein Bahnhof neu gebaut, eine Bahntrasse verlegt, eine Großbrücke errichtet oder ein Gewässer vertieft werden soll. Es hat sich eingebürgert, zur Befriedung solcher gesellschaftlicher Konflikte einen Schlichter, häufig einen ehemaligen Politiker, einzusetzen. Von ihm wird erwartet, dass er Gespräche mit Befürwortern und Gegnern des betreffenden Projektes führt und am Ende einen allseits befriedigenden Vorschlag präsentiert. Wie

US-Präsident Bill Clinton, Vermittler bei den Friedensgesprächen zwischen Israel und den Palästinensern 1993

bei den Tarifkonflikten heißt Schlichtung hier jedoch nicht, dass damit das letzte rechtsverbindliche Wort gesprochen ist. Schlichtung ist lediglich eine besondere Form der Vermittlung.

In der internationalen Politik gehört die Vermittlung zu den anerkannten diplomatischen Verfahren der friedlichen Beilegung von Konflikten zwischen zwei Staaten. Sie weist eine lange Tradition auf. Als Vermittler tritt ein dritter Staat auf, auf den sich beide Streitparteien geeinigt haben müssen. Der vermittelnde Staat muss sich absolut unparteiisch verhalten. Jede Vermittlungstätigkeit, die nicht vom Willen der Streitparteien gedeckt ist, stellt eine Intervention dar und ist vom Völkerrecht nicht gedeckt. Bei einer Vermittlung unterbreitet der vermittelnde Staat den im Streit befangenen Staaten eigene Vorschläge und nimmt zu den Auffassungen der Streitenden Stellung.

Eng verwandt mit der Vermittlung sind die *guten Dienste*, die der Generalsekretär der Vereinten Nationen (UN) den Staaten leistet, die im Streit miteinander liegen. Dem Generalsekretär steht gemäß Artikel 99 UN-Charta das Recht zu, die Aufmerksamkeit des Sicherheitsrates auf jede Angelegenheit zu lenken, die nach seiner Einschätzung geeignet ist, die Wahrung des Weltfriedens und der internationalen Sicherheit zu gefährden. Hierauf sowie auf entsprechende Resolutionen der Generalversammlung gestützt hat sich eine umfangreiche *präventive Diplomatie* des Generalsekretärs entwickelt. Die

Generalversammlung hat darüber hinaus die Befugnis, Ausschüsse oder Einzelpersonen als Sonderbeauftragte mit der Vermittlung zwischen Streitparteien oder der Schlichtung eines Konfliktes zu betrauen (Hobe & Kimminich 2004, 300 f.).

Schlichter Heiner Geißler bei Stuttgart 21, 2011

Schlichten: Verbindliche Entscheidung durch eine offizielle Instanz

Wenn Verhandlungen und Vermittlungen zu keiner Konfliktbeendigung geführt haben und ein gewaltförmiger Konfliktaustrag ausgeschlossen werden soll, bleibt nur noch der Weg der Schlichtung im Sinne einer abschließenden rechtsverbindlichen Entscheidung. Die Möglichkeit des Schlichtens setzt innerhalb einer Gesellschaft das Gewaltmonopol des Staates voraus. Gewaltmonopol bedeutet, dass allein staatliche Institutionen oder vom Staat beauftragte Einrichtungen die Konfliktbeendigung vornehmen. Auf internationaler Ebene sind die Schlichtungsverfahren in internationalen Abkommen oder in Vertragswerken zwischen den Staaten geregelt.

Ein zentrales Anliegen des Verfassungsstaates ist es, den allgegenwärtigen Streit zu disziplinieren und in rechtsförmige Bahnen zu lenken. Das bedeutet für politische Konflikte über die Gestaltung des gesellschaftlichen Zusammenlebens, dass sie abschließend im Parlament auf der Basis vorgeschriebener Mehrheiten entschieden werden. Hat eine Person einen rechtlichen Konflikt mit einer staatlichen Behörde, steht ihr der Weg zum Verwaltungsgericht offen. Private, d.h. zwischenmenschliche Konflikte, werden von Zivilgerichten entschieden. In der Wahrnehmung der Menschen spielen Zivilprozesse eine weit bedeutsamere Rolle als Verwaltungsgerichtsverfahren.

Der Sinn der *Zivilgerichtsbarkeit* ergibt sich aus den folgenden Überlegungen: In einer staatlichen Friedensordnung darf es nicht sein, dass jemand das, was er subjektiv für sein Recht hält, mit Gewalt durchsetzen kann. Denn dann müssten alle Menschen in ständiger Furcht vor gewaltsamen Übergriffen leben. Jeder gewaltsam gelöste Konflikt könnte Quelle neuer Streitigkeiten sein. Um dies zu verhindern, muss sich jeder, der zu seinem Recht kommen will, der Hilfe staatlicher Gerichte bedienen. Die Gerichte entscheiden dann in einem förmlichen, genau geregelten Verfahren. Der Prozess dient zum einen dem Schutz der Rechte des Betroffenen. Er schafft aber zugleich die Voraussetzungen für ein gedeihliches Zusammenleben der Menschen untereinander. Mit einem Wort: Er bewirkt Rechtsfrieden und Rechtssicherheit (Heyde 1975, 36).

Die Zivilgerichtsbarkeit entscheidet in allen *bürgerlichen Rechtsstreitigkeiten*. Das sind die Rechtsstreitigkeiten aus dem gesamten privaten Lebensbereich. Das Bürgerliche Gesetzbuch (BGB) gibt Auskunft, worüber man sich streiten kann. Nur beispielhaft seien erwähnt Ansprüche wegen ärztlicher Behandlungsfehler, Streitigkeiten aus einem Pacht- oder Nutzungsvertrag, Erbstreitigkeiten und Unterhaltsansprüche. Ziel eines Zivilprozesses ist es, Rechte und Rechtsverhältnisse in Form von Urteilen festzustellen und festgestellte Ansprüche notfalls zwangsweise zu verwirklichen. Indem der Zivilprozess dies tut, entscheidet er einen Streit und stellt den gestörten Rechtsfrieden wieder her. Der Richter ist aber gehalten, zunächst eine einverständliche Konfliktlösung herbeizuführen (Zöller 2002, 10).

Das Zivilgericht wird nur auf eine Klage oder auf einen Antrag hin tätig. Das Gericht wird weiterhin auch nur insoweit tätig, als es dem Wunsch der Beteiligten entspricht. Der Kläger kann seine Klage auch zurücknehmen oder mit dem Gegner einen Vergleich schließen, womit sich das weitere Verfahren dann erledigt. Schließlich darf das Gericht bei seiner Entscheidung nicht über die Anträge der Parteien hinausgehen, also dem Kläger mehr zusprechen, als dieser verlangt. Die Parteien müssen aber nicht nur das Verfahren in Gang bringen und dem Gericht sagen, was sie wollen, d.h. Anträge stellen.

Sie müssen von sich aus auch alle Tatsachen vortragen, die für die Entscheidung erheblich sein können. Das Gericht ist gehalten, nur diese Tatsachen seiner Entscheidung zugrunde zu legen. Es darf nicht von sich aus Nachforschungen anstellen.

Die Zivilprozessordnung (ZPO) schreibt genau den Verfahrensgang vor: Hiernach wendet sich der Kläger an das zuständige Gericht und reicht eine Klageschrift ein. In dieser gibt er an, welchen Spruch er vom Gericht begehrt und auf welchen Sachverhalt er seinen Anspruch gegen den Beklagten stützt. Das Gericht sorgt dafür, dass der Beklagte eine Abschrift der Klageschrift zugestellt erhält. Das Gericht fordert den Beklagten zugleich auf, Einwendungen gegen die Klageschrift vorzubringen und Beweismittel für seine Behauptung zu benennen. In aller Regel kommt der Beklagte dieser Aufforderung nach. Der Kläger seinerseits wird dann zu den Argumenten des Beklagten Stellung nehmen und – soweit dies noch nicht geschehen ist – für seine vom Beklagten bestrittenen Behauptungen seinerseits Beweis antreten (Heyde 1975, 38 ff., 55 f.).

Ein Zivilprozess kann nur dann den Rechtsfrieden zwischen den Kontrahenten wiederherstellen, wenn das Gerichtsverfahren fair ist. Das bedeutet im Einzelnen: Das Gericht muss den Prozess berechenbar führen. Es darf also von einer bisher geübten Prozesspraxis nicht ohne Vorankündigung abweichen. Das Gericht darf sich weiterhin nicht widersprüchlich verhalten. Es darf die Parteien nicht irreführen. Es darf nicht mit zweierlei Maß messen. Ferner muss es das Verfahren überprüfbar gestalten und den Parteien Mitwirkungs- und Kontrollmöglichkeiten einräumen. Wichtig ist die Gewährleistung von Waffengleichheit für die Streitparteien. Zu der erforderlich fairen Balance zwischen den Parteien gehören die gleichmäßige Verteilung des Risikos am Verfahrensausgang und der Kostenbelastung, die Pflicht des Gerichts zur Gleichbehandlung der Parteien und die Pflicht zur ausgleichenden Verhandlungsführung (Zöller 2002, 25 f.).

Man sollte nicht vergessen, dass eine gerichtliche Konfliktbeilegung im Verhältnis zur Mediation eine Reihe von Nachteilen hat: Der Streitentscheid durch den Richter ist

Urteil im Rahmen eines Zivilprozesses

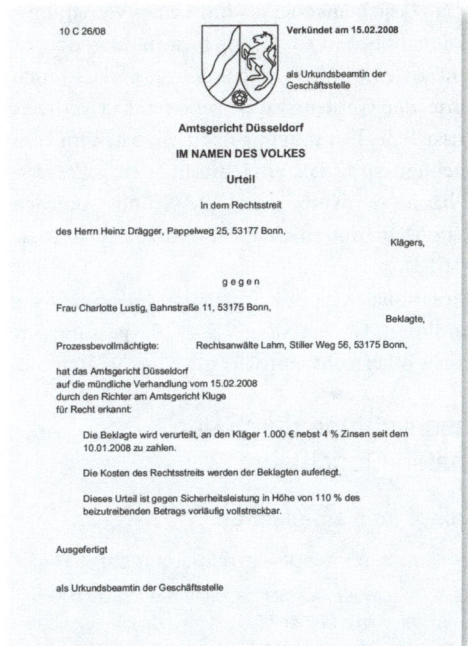

10 C 26/08

Verkündet am 15.02.2008

als Urkundsbeamtin der
Geschäftsstelle

Amtsgericht Düsseldorf

IM NAMEN DES VOLKES

Urteil

In dem Rechtsstreit

des Herrn Heinz Drägger, Pappelweg 25, 53177 Bonn,

Klägers,

g e g e n

Frau Charlotte Lustig, Bahnstraße 11, 53175 Bonn,

Beklagte,

Prozessbevollmächtigte: Rechtsanwälte Lahm, Stiller Weg 56, 53175 Bonn,

hat das Amtsgericht Düsseldorf
auf die mündliche Verhandlung vom 15.02.2008
durch den Richter am Amtsgericht Kluge
für Recht erkannt:

Die Beklagte wird verurteilt, an den Kläger 1.000 € nebst 4 % Zinsen seit dem
10.01.2008 zu zahlen.

Die Kosten des Rechtsstreits werden der Beklagten auferlegt.

Dieses Urteil ist gegen Sicherheitsleistung in Höhe von 110 % des
beizutreibenden Betrags vorläufig vollstreckbar.

Ausgefertigt

als Urkundsbeamtin der Geschäftsstelle

Justiz-
ministerium
des Landes
Nordrhein-
Westfalen,
Düsseldorf
2008

nämlich langwierig, mühselig und teuer. Außerdem zerstört ein Gerichtsverfahren allzu oft die persönlichen Beziehungen der Kontrahenten. Der Gerichtsprozess leidet zudem an drei gewichtigen strukturellen Defiziten: Erstens erfasst das gerichtliche Urteil immer nur einen in der Vergangenheit liegenden Sachverhalt. Er ist also rückwärtsorientiert. Er berücksichtigt nicht die zukünftigen Beziehungen zwischen den Parteien. Zweitens berücksichtigt der Richterspruch nur den Ausschnitt des Sachverhaltes, für den es eine Rechtsnorm gibt. Drittens vernachlässigt der dem Richter zur Verfügung stehende Entscheidungsstandard, das Gesetz, aufgrund seines notwendigen generellen Charakters die Einzelfallgerechtigkeit.

Weiterhin dominiert im Gerichtsverfahren ein starres Positionsdenken. Dieses wird durch die vorgeschriebenen

Klageanträge und den wechselseitigen Parteivortrag in der Verhandlung gefördert. Das Gerichtsverfahren ist also schon strukturell auf ein Gegeneinander im Sinne eines Verteilungskampfes um die erhobenen Klageforderungen ausgerichtet. Sofern es nicht zu einem Vergleich kommt, verlässt auch immer eine Partei den Gerichtssaal als Verlierer. Der Verlierer erfährt eine zusätzliche Demütigung dadurch, dass ihm vom Gericht bescheinigt wird, dass er „Unrecht hatte". Prozessverlierer sind häufig sehr verbittert. Viele Gründe sprechen mithin dafür, die Mediation einem Prozess vorzuziehen (Risse 2000, 1614, 1618).

In der internationalen Politik regelt das *Völkerrecht* die Konfliktbehandlung. Das moderne, im 20. Jahrhundert ausformulierte Völkerrecht enthält für alle Staaten ein

Eine Streitschlichtung durch den Internationalen Gerichtshof

Athen unterliegt im Namensstreit

Internationaler Gerichtshof gibt Mazedonien recht

tens. ISTANBUL, 5. Dezember. Der Internationale Gerichtshof (IGH) hat Mazedonien im „Namensstreit" mit Griechenland recht gegeben und Athen für schuldig befunden, das 1995 unter Vermittlung der Vereinten Nationen geschlossene mazedonisch-griechische Übergangsabkommen verletzt zu haben. Das Übergangsabkommen sieht vor, dass Mazedonien internationalen Organisationen zwar nicht mit seinem verfassungsmäßigen Staatsnamen beitreten darf, Athen jedoch die Aufnahme des Landes unter seiner provisorischen Bezeichnung „Ehemalige Jugoslawische Republik Mazedonien" (nach dem Akronym aus dem Englischen „Fyrom" genannt), nicht verhindern wird. Genau das geschah jedoch im April 2008 auf dem Nato-Gipfel in Bukarest. Alle anderen Mitgliedstaaten vertraten auf jenem Gipfel die Auffassung, dass Mazedonien nach Jahren der Reformen im Zuge des Nato-Progamms „Partnerschaft für den Frieden" reif für eine Mitgliedschaft in der Allianz sei und befürworteten eine Aufnahme. Das scheiterte aber am Widerstand Griechenlands. Die Nato-Staaten einigten sich daher nur darauf, dass Mazedonien beitreten könne, sobald der „Namensstreit" gelöst sei.

FAZ vom 6.12.2011, S. 6

Kriegs- und Gewaltverbot. Es erlegt allen Staaten eine allgemeine Friedenspflicht auf. Dieses schließt die Pflicht zu einer *friedlichen Streiterledigung* ein. Bereits die Völkerbundsatzung enthielt in Artikel 12 eine entsprechende Pflicht: „Alle Bundesmitglieder kommen überein, eine etwa zwischen ihnen entstehende Streitfrage, die zu einem Bruche führen könnte, entweder der Schiedsgerichtsbarkeit oder dem gerichtlichen Verfahren oder der Prüfung durch den Rat zu unterbreiten. Sie kommen ferner überein, in keinem Falle vor Ablauf von drei Monaten nach dem Spruch der Schiedsrichter oder gerichtlichen Entscheidung oder dem Berichte des Rates zum Kriege zu schreiten." In Artikel 2 Ziffer 3 der UN-Charta heißt es demgegenüber viel kürzer und zwingender „Alle Mitglieder legen ihre internationalen Streitigkeiten durch friedliche Mittel so bei, dass der Weltfriede, die internationale Sicherheit und die Gerechtigkeit nicht gefährdet werden."

Die UN-Charta legt in Kapitel VI die Möglichkeiten des Sicherheitsrates zur friedlichen Beilegung von Streitigkeiten dar. Im Wesentlichen stehen dem *Sicherheitsrat* zwei Wege offen. Artikel 34 bevollmächtigt ihn, jede Streitigkeit sowie jede Situation, die zu internationalen Reibungen führen oder eine Streitigkeit hervorrufen könnte, zu untersuchen, „um festzustellen, ob die Fortdauer der Streitigkeit oder der Situation die Wahrung des Weltfriedens und der internationalen Sicherheit gefährden könnte." Artikel 36 bestimmt, dass der Sicherheitsrat geeignete Verfahren oder Methoden für die Streitbereinigung empfehlen kann. Dazu gehört auch die Empfehlung, den Internationalen Gerichtshof anzurufen.

Ist es für eine friedliche Streitbeilegung zu spät, weil ein Staat bereits Angriffshandlungen begonnen hat, kann der Sicherheitsrat gemäß Artikel 42 „mit Luft-, See- und Landstreitkräften die zur Wahrung oder Wiederherstellung des Weltfriedens und der internationalen Sicherheit erforderlichen Maßnahmen durchführen."

Der UN-Generalsekretär der Vereinten Nationen entwickelte auf Aufforderung durch den Sicherheitsrat im Jahr 1992 ein umfassendes Programm für die Friedens- und Sicherheitspolitik der Vereinten Nationen. Seine *Agenda für*

Agenda für den Frieden

Vorschläge des UN-Generalsekretärs Boutros Ghali zur
Friedens- und Sicherheitspolitik der Vereinten Nationen

1. Vorbeugende Diplomatie

Ziel Das Entstehen von Streitigkeiten zu verhüten, den Ausbruch offener Konflikte zu verhindern, oder Konflikte, die bereits ausgebrochen sind, rasch wieder einzugrenzen.

Mittel Diplomatische Gespräche; vertrauensbildende Maßnahmen; Frühwarnsysteme, die rechtzeitig auf Spannungen hinweisen; formelle Tatsachenermittlung; vorbeugender Einsatz von UN-Truppen; vorsorgliche Einrichtung entmilitarisierter Zonen.

2. Friedensschaffung

Ziel Nach Ausbruch eines Konflikts die feindlichen Parteien zu einer Einigung zu bringen.

Mittel **Friedliche Mittel**
z.B. Vermittlung, Verhandlungen, Schiedsspruch, Entscheidungen durch den Internationalen Gerichtshof.

Gewaltlose Sanktionen
z.B. Wirtschafts- und Verkehrsblockade, Abbruch der Beziehungen.

Friedensdurchsetzung
durch speziell ausgebildete, ständig abrufbereite bewaffnete UN-Truppen.

Militärische Gewalt
zur Aufrechterhaltung oder Wiederherstellung des Weltfriedens und der internationalen Sicherheit, wenn alle friedlichen Mittel versagen.

nach: Zahlenbilder 615 500

den Frieden enthielt Empfehlungen zur Konfliktverhütung durch vorbeugende Diplomatie, zur Konfliktbeendigung durch Friedensschaffung, zur Entschärfung und Stabilisierung der Lage in einer Konfliktzone durch Friedenssicherung und zur Festigung des Friedens durch Friedenskonsolidierung (Sutor 2004, 109 f.).

Die UN-Charta bezeichnet in Artikel 92 den *Internationalen Gerichtshof* als das Hauptrechtsprechungsorgan der Vereinten Nationen. Artikel 94 legt fest: „Jedes Mitglied der Vereinten

3. Friedenssicherung

Die Lage in einer Konfliktzone zu entschärfen oder zu stabilisieren; die Einhaltung der Vereinbarungen zwischen den Konfliktparteien zu überwachen und durchzusetzen.

Entsendung von Beobachtermissionen; Einsatz von UN-Friedenstruppen zur Untersuchung von Grenzverletzungen, zur Grenzkontrolle, zur Beobachtung von Wahlen, Überwachung von Waffenstillstands- und Friedensvereinbarungen, Bildung einer Pufferzone zwischen gegnerischen Mächten, Wahrnehmung von Polizeiaufgaben, Sicherung humanitärer Maßnahmen usw.; umfassendes Konfliktmanagement.

4. Friedenskonsolidierung

Den Frieden nach Beendigung eines Konflikts zu konsolidieren; die Konfliktparteien zum friedlichen Wiederaufbau anzuhalten.

Nach einem Konflikt innerhalb eines Landes
z.B. Entwaffnung der verfeindeten Parteien, Wiederherstellung der öffentlichen Ordnung, Einsammeln der Waffen, Minenräumung, Repatriierung von Flüchtlingen, Ausbildung und Beratung von Sicherheitskräften, Wahlüberwachung, Schutz der Menschenrechte, Reform oder Neuaufbau staatlicher Institutionen.

Nach einem internationalen Krieg
z.B. gemeinsame Projekte, die der wirtschaftlichen und sozialen Entwicklung dienen und das gegenseitige Vertrauen stärken (Landwirtschaft, Energie- und Wasserwirtschaft, Verkehr usw.); Abbau der Schranken zwischen den Nationen durch Kulturaustausch, Reiseerleichterungen, gemeinsame Jugend- und Bildungsprogramme.

Nationen verpflichtet sich, bei jeder Streitigkeit, in der es Partei ist, die Entscheidung des Internationalen Gerichtshofes zu befolgen." Diese Vorschrift besagt, dass ein Staat ein Urteil zu befolgen hat, wenn er Prozesspartei war. Sie besagt damit auch, dass Staaten die Parteifähigkeit vor dem Gericht besitzen. Sie besagt aber nicht, dass die Staaten Prozessparteien sein müssen. Die Durchsetzungsmöglichkeit des Gerichtshofes ist deshalb begrenzt. Der Grund hierfür liegt in der Souveränität der Staaten. Daraus folgt, dass das internationale Recht nur so

stark ist, wie die beteiligten Staaten es wollen. Im Grundsatz kann deshalb kein Staat gegen seinen Willen verklagt werden und ist kein Staat verpflichtet, sich dem Spruch einer gerichtlichen Institution außerhalb seiner Grenzen zu unterwerfen. Nur wenn ein Staat aus freien Stücken an einem Verfahren des Internationalen Gerichtshofes teilnimmt, muss er das anschließende Urteil befolgen (Nußberger 2009, 84).

Das die staatliche Souveränität achtende Völkerrecht enthält folglich keine Vorschrift über eine die Staaten verpflichtende internationale Gerichtsbarkeit. Das Völkerrecht verlangt vielmehr, dass der Unterwerfung unter ein internationales Gericht eine entsprechende Parteienvereinbarung vorausgeht. Fehlt es an dieser Bereitschaft seitens eines an einem Streit beteiligten Staates, kann der Internationale Gerichtshof nicht tätig werden. Die Staaten können sich zwar der Zuständigkeit des Gerichtshofes in Fragen einer Vertragsauslegung, der Auslegung des Völkerrechts, der Verletzung internationaler Verpflichtungen sowie der hieraus resultierenden Wiedergutmachung unterwerfen. In der Praxis hat jedoch nur eine

Internationaler Gerichtshof in Den Haag (picture alliance)

Minderheit der Staaten entsprechende Erklärungen bei den Vereinten Nationen hinterlegt. Nicht wenige dieser Staaten haben diese Erklärungen jedoch noch mit Vorbehalten versehen (Gareis & Varwick 2006, 48 f.).

Die Entscheidungen des aus fünfzehn Richtern bestehenden und in Den Haag angesiedelten Internationalen Gerichtshofes betrafen deshalb in der Vergangenheit überwiegend eher unbedeutende Streitfragen, etwa solche der territorialen oder seerechtlichen Grenzziehung. Auch der Umfang der Rechtsprechungstätigkeit war bislang eher gering. Knapp hundert Urteile in über fünf Jahrzehnten sprechen für keine übermäßige Aktivität. Deutschland rief den Internationalen Gerichtshof einige wenige Male an. In einem Fall ging es unter Beteiligung Dänemarks und der Niederlande um Schürfrechte im Festlandssockel unter der Nordsee. In einem anderen Fall wurde mit Island über die Ausdehnung des Küstenmeeres durch Island und damit über die Einschränkung von Fischereirechten für Nichtisländer gestritten (Hobe & Kimminich 2004, 280 f.).

Eine Entwicklung hin zu einem Zustand, in dem Staaten auch ohne ihre Zustimmung vor das Tribunal des Internationalen Gerichtshofes zitiert werden können, ist nur schwer vorstellbar. Gleichwohl würde die friedliche Streitbeilegung in der internationalen Politik an Gewicht gewinnen, wenn sich der Gedanke einer obligatorischen internationalen Gerichtsbarkeit durchsetzte (Kimminich 1995, 158).

Nicht mit dem Internationalen Gerichtshof zu verwechseln ist die *Internationale Schiedsgerichtsbarkeit*. Sie ist hinsichtlich der Zahl der mit ihrer Hilfe geklärten Konflikte bedeutsamer als die internationale Gerichtsbarkeit. Sie ist aus Sicht der streitenden Staaten auch einfacher zu handhaben. Ihr Vorteil besteht nämlich darin, dass die Parteien sich die Richter selbst wählen sowie die Verfahrensordnung und das anzuwendende Recht durch Vereinbarung bestimmen können. Der vielleicht bekannteste Fall eines einen ernsthaften Konflikt regelnden Schiedsspruches ist die durch ihn bewirkte Beendigung des argentinisch-chilenischen Grenzstreites am Beagle-Kanal im Jahr 1984 durch den als Schiedsrichter beauftragten Heiligen Stuhl (Hobe & Kimminich 2004, 290 ff.).

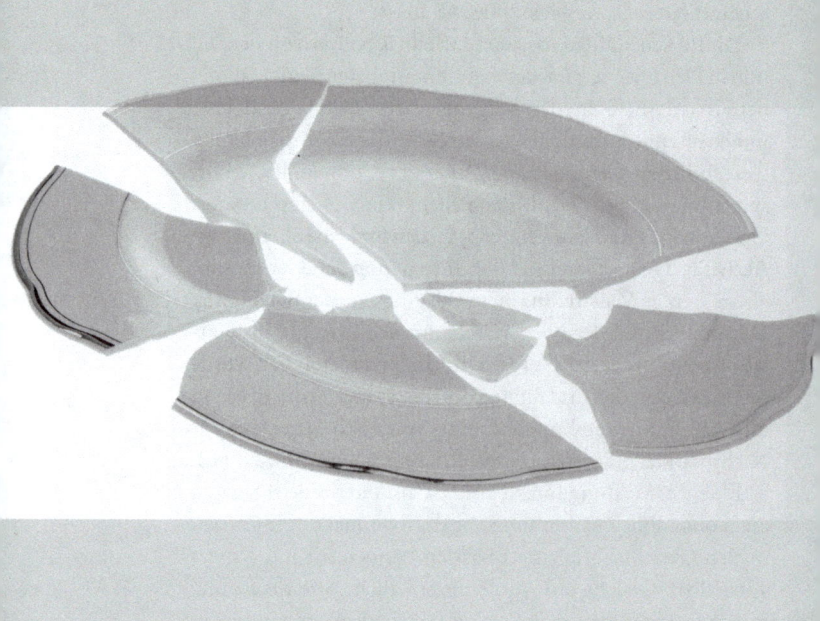

6. Vertrauen, Fairness, Mäßigung und Kompromissbereitschaft

Subjektive Bedingungen friedlicher Streit- und Konfliktaustragung

Es bedarf keiner langen Überlegungen, um zu erkennen, dass eine friedliche Streit- und Konfliktaustragung nicht nur von institutionellen Arrangements abhängt. Von den beteiligten Menschen verlangt sie nämlich bestimmte moralisch-sittliche Anstrengungen, d.h. Tugenden. Eine Konfliktbeilegung verlangt darüber hinaus noch Vertrauen. Vertrauen ist keine Tugend, sondern eine Voraussetzung dafür, dass Konflikte kooperativ bearbeitet werden.

Vertrauen und Fairness

Friedliche Konfliktlösungen werden in Verhandlungen gefunden. *Vertrauen* spielt bei Verhandlungen eine wichtige Rolle. Vertrauen erleichtert nämlich den Austausch von Informationen zwischen den Akteuren, führt zu kooperativem Verhalten und fördert auf dieser Basis das Zustandekommen von Verhandlungsergebnissen, mit denen die Beteiligten leben können (Deller, Frey & Schoop 2006, 707).

Was aber ist eigentlich Vertrauen? Vertrauen ist die Erwartung, dass eine Situation, die man nicht unter vollständiger Kontrolle hat, trotzdem einen guten Ausgang nimmt. Häufig sind in Situationen andere Personen involviert. Vertrauen heißt dann: Man geht davon aus, dass diese anderen Personen sich so verhalten, wie sie es angekündigt haben, ohne dass man ein abweichendes Verhalten verhindern könnte (Oswald 2006,

711). Vertrauen ist folglich mit der Erwartung verbunden, dass die anderen das Vertrauen nicht enttäuschen mögen. Ein Vorteil des Vertrauens liegt darin, dass man nicht über die Motive derjenigen, denen man vertraut, nachdenken muss. Man muss nicht wachsam sein. Mit einem Wort: Man kann seine Ziele und Wünsche ohne zusätzliche Informationsbeschaffung erreichen oder umsetzen.

Vertrauen zu Menschen beruht auf Erfahrung und wird im Laufe einer Beziehung graduell aufgebaut. Das bedeutet, dass gewährtes Vertrauen dann ein Wagnis darstellt, wenn die Beteiligten sich kaum kennen. In einer solchen Situation ist nämlich die Versuchung groß, dass Beteiligte ihren Vorteil auf Kosten der anderen suchen. Nun verlangt eine nachhaltige Konfliktregelung jedoch Vertrauen bei den Beteiligten. Bei grundlegenden Konflikten ist dieses Vertrauen aber häufig nicht gegeben. Das erforderliche Vertrauen lässt sich mit Zwang oder Gewalt auch nicht herbeiführen. Mit dem Risiko nicht ausreichenden Vertrauens ist folglich jede Konfliktbearbeitung belastet. Dies weiß man insbesondere in der internationalen Politik. Nicht zufällig spricht man davon, dass die Befriedung internationaler Konflikte vertrauensbildende Maßnahmen erforderlich mache.

Generell beruht die Aussicht auf eine befriedigende Konfliktregelung darauf, dass zwischen den Beteiligten zumindest *kommunikatives Vertrauen* besteht: Dieses Vertrauen beruht auf der Annahme, dass sich die Beteiligten ihre Meinungen und Überzeugungen in aufrichtiger und wahrhaftiger Absicht mitteilen. Schon Aristoteles bemerkte in seiner „Rhetorik", dass man den Anständigen eher glaubt als denen, die man nicht für anständig hält. Kommunikatives Vertrauen verlangt also die Wahrhaftigkeit des Sprechens. Die Beteiligten müssen nicht unbedingt glauben, dass das, was die anderen sagen, wahr ist. Sie müssen jedoch glauben, dass die anderen das, was sie sagen, für wahr halten. Wenn aber jemand Anlass hat, von der Wahrhaftigkeit der anderen nicht überzeugt zu sein, kann er sich nicht auf sie verlassen. Er kann dann mit ihnen nicht ernsthaft kooperieren. Mit einem Satz: Durch Wahrhaftigkeit begründete Vertrauenswürdigkeit ist die unerlässliche Voraussetzung für jede Form der Kommunikation. Ohne Vertrauen kann es keine menschliche Gesellschaft geben (Hartmann 2011, 55, 121 f.).

Fairness ist eine wichtige Bedingung für eine konstruktive Konfliktkultur. Die Fairness weist Bezüge zu den Tugenden der Anständigkeit, der Ehrlichkeit, der Gerechtigkeit und der Regelbefolgung auf.

Bei der institutionellen Regelung von Konflikten ist es für die Akzeptanz der Ergebnisse wichtig, ob die angewendeten Verfahren als fair wahrgenommen werden. Für Verfahren, in denen ein Dritter den Konflikt verbindlich regelt, gehört es zu den als wichtig betrachteten Fairnessregeln, dass der Dritte Voreingenommenheit vermeidet und die Interessen aller Betroffenen berücksichtigt. Auch an die Verfahren selbst kann die Frage nach ihrer Fairness gerichtet werden. Bei der Beantwortung der Frage nach der Fairness eines Verfahrens spielt die Möglichkeit der Konfliktbeteiligten, den Gang des Verfahrens zu kontrollieren, eine erhebliche Rolle.

Prinzipiell gesehen gibt es für die Beteiligten zwei Formen der Kontrolle, nämlich die Entscheidungs- und die Prozesskontrolle. Mit der Entscheidungskontrolle ist gemeint, ob und inwieweit ein Beteiligter das Ergebnis der Konfliktregelung bestimmen kann. Die Prozesskontrolle bezieht sich auf alle Aspekte, die den Ablauf eines Verfahrens beeinflussen, insbesondere auf die Auswahl der Informationen, welche die Grundlage der Konfliktregelung bilden. Zweifellos muss die Ergebniskontrolle durch einen der Beteiligten als extrem unfair eingestuft werden, da sie zu Lasten des anderen Beteiligten geht. Anders verhält es sich mit der Prozesskontrolle. Die Mitsprache am Verfahrensablauf, vor allem die Chance, den eigenen Standpunkt ausführlich darzustellen, gilt als fair und verbessert die Akzeptanz von Entscheidungen (Bierhoff 1992, 165 ff.).

Die Fairness von Verfahren misst sich aber nicht nur an den Einwirkungsmöglichkeiten. Als weitere Aspekte von Fairness kommen die Ergebnisfairness, die prozedurale Fairness und die interaktionale Fairness in Betracht. *Ergebnisfairness* ist nicht immer einfach zu erreichen. Wichtig für die Wahrnehmung eines Ergebnisses als fair ist nicht nur das Ergebnis allein, sondern das Ergebnis im Vergleich zum Konfliktgegner. Ein Ergebnis wird als fair wahrgenommen, wenn es proportional zum Ergebnis des Gegners ist, wenn also beide Seiten in etwa gleiche Vorteile aus dem Ergebnis erzielen. Wichtig ist die *prozedurale Fairness*. Sie verlangt, dass die Prozedur eines Verfahrens transparent ist und die Beteiligten gleiche Chancen auf Darlegung ihrer Positionen haben. Die *interaktionale Fairness* bezieht sich auf die Behandlung durch die anderen Verfahrensbeteiligten. Insbesondere von dem mit der Entscheidungsfindung Beauftragten wird diese Fairness erwartet. Als fair und gerecht gelten respektvolles, höfliches und korrektes Verhalten gegenüber den Betroffenen sowie adäquate Erklärungen zur Begründung von Entscheidungen. Die Wichtigkeit der Anwendung von Fairnessprinzipien wird deutlich, wenn man Reaktionen auf wahrgenommene Ungerechtigkeiten betrachtet. Diese reichen von Resignation bis zu hohem Stress (Deller, Frey & Schoop 2006, 708; Klendauer, Streicher, Jonas & Frey 2006, 187 ff.).

Der Tugend der Fairness lässt sich die Bereitschaft zur *Perspektivenübernahme* zurechnen. Sie besteht darin, sich in die Rolle des Konfliktgegners hineinzuversetzen. Ganz grundsätzlich kann man sagen, dass die Bereitschaft, sich in andere Personen hineinzuversetzen und ihre Sicht und Erlebnisweise nachzuvollziehen, zu den unerlässlichen Voraussetzungen jedweder sozialer Interaktion und Kommunikation gehört. Die Perspektivenübernahme ermöglicht die wechselseitige Einsicht in die Zielsetzungen, Motive, Intentionen und Wahrnehmungsweisen des Interaktionspartners. Ohne das Einnehmen der Rolle des anderen können weder Verstehen noch Verständigung gelingen. Es versteht sich, dass die Perspektivenübernahme bei der Konfliktbearbeitung von erheblicher Bedeutung ist. Allerdings muss gesehen werden, dass in Konflikten die Bereitschaft hierzu durch Prozesse der Eskalation stark beeinträchtigt oder verringert werden kann (Eckert & Willems 1992, 57 f.).

Die Bereitschaft zur Perspektivenübernahme ist gerade in interkulturellen Konflikten von kaum zu überschätzender

Bedeutung. Bei der Behebung solcher Konflikte ist es erforderlich, die kulturelle Perspektive des anderen einzunehmen. Die Schwierigkeit dieses Unterfangens besteht jedoch darin, dass subtile kulturelle Unterschiede und differierende Werte- und Normensysteme, welche die Kommunikation beeinflussen, von Angehörigen der heimischen Kultur nur mit Mühe erkannt werden. So ignorieren sie leicht die Bedeutsamkeit der nonverbalen Kommunikation und übersehen dann, dass Gesten, Gesichtsausdruck und Körperhaltung eine von der einheimischen Kultur abweichende Bedeutung haben. Das Mindeste also, was eine *kulturelle Perspektivenübernahme* verlangt, ist ein Bewusstsein für kulturelle Unterschiede und dafür, wie sich kulturbedingte Werte und Normen auf das Verhalten von Menschen auswirken. Hinzukommen muss die Fähigkeit, das eigene Verhalten als kulturbedingt wahrzunehmen und einzuschätzen. Im geglückten Fall folgt aus der Perspektivenübernahme die Bereitschaft, andersartige Denk- und Verhaltensweisen zu akzeptieren, was auf jeden Fall bedeutet, in ihnen keine konfliktverschärfenden Momente zu sehen (Piontkowski 2011, 219 ff.).

Mäßigung und Kompromissbereitschaft

In der klassischen Philosophie galt die *Mäßigung* als eine Kardinaltugend. Mäßigung hat etwas mit dem Mitte-Halten zu tun, also mit dem rechten Maß zwischen einem Zuviel und einem Zuwenig. Die Mäßigung ist von großem Belang für einen Streit- und Konfliktaustrag, der die Grenzen des Zuträglichen oder Zumutbaren nicht überschreiten soll.

Die Mäßigung zeigt sich zum einen in der Beherrschung der Affekte in einer streitigen Auseinandersetzung. Die Affektkontrolle bildet die Voraussetzung für Aggressionshemmung und Gewaltverzicht. Die Mäßigung zeigt sich zum anderen in der maßvollen Nutzung der institutionellen und rechtlichen Möglichkeiten. Dahinter steht die Einsicht, dass eine exzessive Nutzung aller gegebenen Möglichkeiten die Konfliktregelungsmechanismen unter Umständen lahmlegen könnte (Sutor 1990, 175).

Mäßigung ist das kennzeichnende Merkmal kultivierten, d.h. geregelten und geordneten Streitens. Ein solches Streiten praktiziert zivilisierte Umgangsformen. Es wendet gewissermaßen einen gebändigten und verfeinerten Verhaltensstil an. So spricht es dem Konfliktgegner nicht von vornherein den guten Willen ab. Es bestreitet ihm nicht vorschnell die Legitimität seines Denkens. Es stellt ihn nicht mit Unterstellungen ins moralische Abseits. Es hütet sich also davor, ihn zu diffamieren oder gar zu demütigen. Es hält schließlich Fairnessregeln ein (Sarcinelli 1990, 31, 51).

Zu den Aspekten der Mäßigung im Konfliktaustrag gehört es weiterhin, den Konflikt nach Möglichkeit zu depolarisieren. Ebenso ist es ein Zeichen von Mäßigung, im Grunde aber auch von Klugheit, beim Konfliktaustrag diejenigen Punkte auszuklammern, die absehbar unvereinbar sind. Schließlich zeugt es von Mäßigung, den Konfliktgegenstand nicht unbedacht zur Gewissensfrage zu erklären. Eine Kompromissbildung wird nämlich sehr erschwert, wenn die Streitenden sich auf ihr Gewissen zurückziehen (Sutor 1990, 163, 170).

Etwas differenzierter verhält es sich mit der Tugend der Mäßigung im politischen Streit. In der pluralistischen Demokratie darf die Einhegung des Streites nämlich nicht allzu eng geführt werden. Die Konkurrenz der Akteure muss schmerzen dürfen. Die mit dem Pluralismus gegebene Freiheit politischer Richtungsbestimmung sowie die Oppositionsfreiheit liefen substantiell leer, sobald man die Parteien unter Kooperations- und Harmoniezwang nähme. Da die Aversion gegen Konflikte ein Grundzug autoritären Denkens ist, bleibt Vorsicht angeraten gegenüber allen Ansätzen, bei politischen Auseinandersetzungen sogleich an Verantwortung, Wahrheit und Gemeinwohl zu appellieren (Oberreuter 1990, 79).

Es ist wohl kaum vermeidbar, dass Parteienstreit, Wahlkampf und Parlamentsdebatten manchmal die Grenzen von Stil und Geschmack tangieren. Vielen Bürgern fehlt vor allem das Verständnis dafür, dass parlamentarische Debatten nicht selten scharf ausgetragen werden. Hiergegen ist aber zu sagen, dass es dort, wo gewaltige Spannungen auszutragen sind, kaum sanft hergehen kann. Dass das Parlament aber nicht jede Äußerung hinzunehmen bereit ist, zeigt die Einrichtung des Ordnungsrufes (Oberreuter 1990, 87, 90).

Eine Art immanenter Grenze gegen sprachliche Konfliktverschärfungsformen liegt in der Erfahrung, dass diejenigen politischen Akteure, die ausschließlich polarisieren, in einer auf Konsens bedachten Gesellschaft keine Mehrheit finden. Eine andere Grenze des politischen Streites ist die Respektierung des Wertekodex, der um die Menschenwürde und die Menschenrechte gruppiert ist. Das verlangt, auch im heftigsten Streit die Würde und die Rechte des Konfliktgegners zu achten (Oberreuter 1990, 85, 88).

Für den rationalen Umgang mit Konflikten kommt neben der Mäßigung noch eine weitere klassische Kardinaltugend in Betracht, nämlich die Tapferkeit. Die Bezeichnung klingt altertümlich. Das ändert jedoch nichts an der bleibenden Aktualität dieser Tugend. Dies wird verständlich, wenn man sich vor Augen führt, dass die Tapferkeit sich in zwei Dimensionen entfaltet, nämlich – aktiv – als Angreifen und – passiv – als Standhalten.

Beide Dimensionen erweisen sich für den politischen Streitaustrag als erforderlich. Zur aktiven Dimension gehören die Zivilcourage und das Durchsetzungsvermögen. Zur passiven Dimension gehören Stehvermögen, Zähigkeit und Ausdauer. Die *Zivilcourage* meint den Mut zum freien Wort, zur Kritik, zum Beharren auf dem eigenen Standpunkt auch gegenüber einem mächtigen Konfliktgegner, zur eigenen Meinung auch gegenüber Druckausübung. Das Durchsetzungsvermögen impliziert zunächst eine gewisse Leidenschaft für die Berechtigung der eigenen Sache. Es zeigt sich dann im Durchsetzen des eigenen Standpunktes auch gegen Kritik und Widerstände. Stehvermögen, Zähigkeit und Ausdauer schließlich sind Ausdrucksformen von Geduld und psychischer Stärke (Sutor 1990, 174 f.).

Von kaum zu überschätzender Bedeutung für die Regelung von Konflikten ist die *Kompromissbereitschaft*. Diese Feststellung gilt für alle Ebenen des Konfliktgeschehens, also für zwischenmenschliche, soziale, politische und internationale Konflikte. Ein Kompromiss löst einen Konflikt durch beider

seitigen Verzicht auf Teile der jeweils gestellten Forderungen. Zur Kompromissbereitschaft neigen Streitparteien, wenn sie nicht genug Kraft besitzen, um das eigene Ziel vollständig zu verwirklichen. Kompromissbereitschaft liegt auch dann nahe, wenn eine Seite zwar ihre Ziele vollständig durchsetzen könnte, hierbei aber befürchten muss, dass die Gegenseite die Revision des Ergebnisses anstreben wird, das Ergebnis mithin nicht wirklich Bestand hat. Für alle Konfliktebenen gilt, dass es den Akteuren dann nicht schwerfällt, kompromissbereit zu sein, wenn alle Seiten etwas gewinnen können.

Der Psychologe Thomas Gordon hat für die Regelung zwischenmenschlicher Konflikte die sogenannte *niederlagelose Methode* entwickelt. Diese Methode besteht im Kern darin, Regelungen zu finden, die akzeptiert werden, weil sie zum einen Kompromisse darstellen und weil zum anderen an ihrem Zustandekommen die Konfliktparteien angemessen kommunikativ eingebunden waren. Die Parteien sind motiviert, die betreffende Lösung zu befolgen, weil sie an deren Entstehung beteiligt waren. Die Beziehung zwischen den Parteien intensiviert sich, weil jeder die Bereitschaft der anderen Seite spürt, seine Bedürfnisse zu berücksichtigen und seine Rechte zu respektieren (Gordon 1974a, 192, 195).

Gordon unterscheidet seine Methode von zwei anderen Methoden, die auf dem Einsatz von Macht beruhen und die genau deshalb keine positiven Früchte tragen. Gordon nennt sie zusammenfassend *Sieg-Niederlage-Machtmethoden*. Bei der *autoritären Methode* setzt der Machtvollere einfach seinen Willen durch. Bei der *permissiven Methode* gibt die unterlegene Seite sofort nach. Die autoritäre Methode erzeugt im Verlierer Unmut und oft intensive Feindseligkeit dem Sieger gegenüber. Sie motiviert den Verlierer keinesfalls zum Befolgen der Lösung. Sie verhindert weiterhin die Entwicklung von Kooperation und Rücksichtnahme. Die permissive Methode fördert bei den Siegern Selbstsucht und den Mangel an Kooperationsbereitschaft (Gordon 1974b, 169, 174 f.).

Häufig werden Konflikte mit Hilfe der Sieg-Niederlage-Machtmethode behandelt. Das bedeutet, dass eine Seite unterliegt und sich der auferlegten Zwangslösung fügen muss.

Diese Methode wird dort angewendet, wo der eine Mensch glaubt, mehr Macht zu haben als der andere. Sie wird nicht angewendet, wenn die Konfliktparteien ebenbürtig sind. Denn keiner der Beteiligten würde sich eine Zwangslösung gefallen lassen. Bei der niederlagelosen Methode hingegen werden Konflikte bewältigt, ohne dass einer der Beteiligten siegt oder unterliegt. Beide siegen, weil die Lösung nur dann akzeptiert wird, wenn sie für beide Seiten annehmbar ist (Gordon 1974a, 186 f.).

Voraussetzung der Anwendung der niederlagelosen Methode ist, dass die Konfliktparteien die gleiche oder annähernd die gleiche Macht besitzen. Das führt nämlich zu einer symmetrischen Kommunikation. Bei dieser Kommunikation sind zwei Gesprächsformen wichtig, die die Konfliktsituation entschärfen und fruchtbare Komponenten im Streit sichtbar machen können. Gemeint ist zum einen das aktive Zuhören, das sich um ein wirkliches Verstehen der Position der Gegenseite bemüht. Gemeint sind zum anderen das Vermeiden von (negativen) Du-Botschaften und die Konzentration auf (konstruktive) Ich-Botschaften, wenn es um die Darlegung der eigenen Bedürfnisse geht (Gordon 1974b, 214 f.).

Bei der niederlagelosen Methode ringt man gemeinsam um eine für beide Seiten akzeptable Lösung. Der gesamte Prozess besteht aus sechs Schritten: Als Erstes wird der Konflikt definiert. Danach werden mögliche Lösungen vorgeschlagen. Als Drittes werden die möglichen Lösungen bewertet. Anschließend wird entschieden, welches die beste Lösung ist. Es folgt die Verwirklichung der beschlossenen Lösung. Der letzte Schritt ist die Bewertung der Lösung (Gordon 1978, 168).

Schluss

Dass Konflikte die Menschen eher beunruhigen als begeistern, kann wenig verwundern. Denn Konflikte sind stets ambivalent: Der schnell ausgesprochene Satz, Konflikte als Chance zu begreifen, stellt nämlich ausschließlich den möglichen Nutzen in den Vordergrund. Dabei wird das in der Regel mit Stress verbundene Erleben eines Konfliktes verdrängt. Daher erstaunt es nicht, dass Konflikte überwiegend negativ assoziiert werden (Berkel 2006, 672).

Dennoch kommt man nicht um die Erkenntnis herum, dass es überall Konflikte gibt. Am leichtesten fällt diese Erkenntnis hinsichtlich der internationalen Politik. Die tägliche Zeitungslektüre zeigt, dass viele Regionen der Welt von Konflikten beherrscht werden. Wendet man den Blick auf die eigene Gesellschaft, so sollte man sich nicht täuschen lassen, wenn man nicht sofort Konflikte entdeckt: Auch dort, wo es scheinbar ruhig ist, können jederzeit Konflikte ausbrechen. Insofern bietet nicht das Vorhandensein von Konflikten, sondern die scheinbare Stille sozialer Gebilde Grund zur Überraschung. Es gibt eben keine Gesellschaft ohne Konflikte. Es wäre also nicht richtig zu behaupten, dass in einigen Gesellschaften Konflikte vorkommen und in anderen nicht. Gesellschaften unterscheiden sich nur in der Intensität von Konflikten und in der Gewaltsamkeit der Konfliktaustragung.

Alle Gründe sprechen dafür, in offen ausgetragenen gesellschaftlich-politischen Konflikten ein Zeichen der Freiheit zu sehen. Das bedeutet in der Umkehrung: Vernimmt man in einem Staat keinen Lärm von Streitigkeiten, kann man ziemlich sicher sein, dass in ihm keine Freiheit herrscht. So unternehmen totalitäre Diktaturen große Anstrengungen, um ihre Gesellschaften gleichförmig zu machen. Sie erwarten, dass die Gleichförmigkeit des politischen Denkens und gegebenenfalls der sozialen Lage zu konfliktfreien Zuständen führt. Totalitäre Regime lieben den Konflikt allein schon deshalb nicht, weil er ihre Machtstellung bedroht. Also propagieren sie gesellschaftliche Harmonie und behaupten, dass das Volk einmütig hinter der politischen Führung stehe.

Die Demokratie anerkennt Konflikte und lebt vom politischen Streit. Der Sinn ihrer Institutionen besteht geradezu darin, die politische Auseinandersetzung rational zu kanalisieren. Die Demokratie kennt aber nicht nur politischen Streit. Der Streitaustrag findet nämlich statt auf der Basis eines von allen akzeptierten Konsenses über die Grundwerte des Zusammenlebens. Streit und Konsens gehören zusammen. Ohne diesen Konsens wäre die Existenz der Demokratie tatsächlich bedroht. Die Erfahrung besagt jedoch, dass in den entwickelten Demokratien der den Konflikt einrahmende Konsens ausreichend stark im politischen Bewusstsein der Menschen verankert ist. Es besteht also kein Anlass, sich vor Konflikten zu fürchten.

Literatur

Aufhauser, Rudolf/Bobke, Manfred H./Warga, Norbert (1992): Einführung in das Arbeits- und Sozialrecht der Bundesrepublik Deutschland. Köln.

Berkel, Karl (2006): Konflikt. In: Hans-Werner Bierhoff/Dieter Frey (Hrsg.): Handbuch der Sozialpsychologie und Kommunikationspsychologie. Göttingen, S. 669-675.

Bierhoff, Hans Werner (1992): Prozedurale Gerechtigkeit: Das Wie und Warum der Fairness. In: Zeitschrift für Sozialpsychologie 23, S. 163-178.

Böhm, Michaela (2008): Viele Kulturen – ein Betrieb: Neugierig aufs Fremde. In: Arbeitsrecht im Betrieb plus. Ausgabe 3, S. 6-8.

Bühl, Walter L. (1976): Theorien sozialer Konflikte. Darmstadt.

Bühl, Walter L. (1995): Soziale Konflikte. In: Staatslexikon. 7. Auflage. Herausgegeben von der Görres-Gesellschaft. Vierter Band. Freiburg i. Br., Sp. 1235-1237.

Coser, Lewis A. (1972): Theorie sozialer Konflikte. Neuwied und Berlin.

Czempiel, Ernst-Otto (1975): Friede und Konflikt in den internationalen Beziehungen. In: Helga Haftendorn (Hrsg.): Theorie der Internationalen Politik. Gegenstand und Methode der Internationalen Beziehungen. Hamburg, S. 89-113.

Czempiel, Ernst-Otto (1981): Internationale Politik. Ein Konfliktmodell. Paderborn.

Czempiel, Ernst-Otto (2004): Internationale Beziehungen: Begriff, Gegenstand und Forschungsabsicht. In: Manfred Knapp/Gert Krell (Hrsg.): Einführung in die Internationale Politik. Studienbuch. 4. Auflage. München, S. 2-28.

Dahrendorf, Ralf (1965): Gesellschaft und Demokratie in Deutschland. München.

Dahrendorf, Ralf (1972): Konflikt und Freiheit. Auf dem Weg zur Dienstklassengesellschaft. München.

Dahrendorf, Ralf (1974): Pfade aus Utopia. Arbeiten zur Theorie und Methode der Soziologie. Gesammelte Abhandlungen I. München.

Deller, Jürgen/Frey, Dieter/Schoop, Ulrich (2006): Verhandeln. In: Hans-Werner Bierhoff/Dieter Frey (Hrsg.): Handbuch der Sozialpsychologie und Kommunikationspsychologie. Göttingen, S. 701-709.

Deutsch, Morton (1976): Konfliktregelung. Konstruktive und destruktive Prozesse. München.

Eckert, Roland/Willems, Helmut (1992): Konfliktintervention. Perspektivenübernahme in gesellschaftlichen Auseinandersetzungen. Opladen.

Eisel, Stephan (1986): Minimalkonsens und freiheitliche Demokratie. Eine Studie zur Akzeptanz der Grundlagen demokratischer Ordnungen in der Bundesrepublik Deutschland. Paderborn.

Fraenkel, Ernst (1991): Deutschland und die westlichen Demokratien. Erweiterte Ausgabe. Frankfurt/M.

Gareis, Sven Bernhard/Varwick, Johannes (2006): Die Vereinten Nationen. Aufgaben, Instrumente und Reformen. Opladen & Farmington Hills.

Glasl, Friedrich (1980): Konfliktmanagement. Diagnose und Behandlung von Konflikten in Organisationen. Bern, Stuttgart.

Glasl, Friedrich (2003): Konfliktmanagement. In: Ann Elisabeth Auhagen/Hans-Werner Bierhoff (Hrsg.): Angewandte Sozialpsychologie. Das Praxishandbuch. Weinheim, Basel, Berlin, S. 123-135.

Gordon, Thomas (1974a): Familienkonferenz. Die Lösung von Konflikten zwischen Eltern und Kind. 4. Auflage. Hamburg.

Gordon, Thomas (1974b): Lehrer-Schüler-Konferenz. Wie man Konflikte in der Schule löst. 18. Auflage. München.

Gordon, Thomas (1978): Familienkonferenz in der Praxis. Hamburg.

Hartmann, Martin (2011): Die Praxis des Vertrauens. Frankfurt/M.

Heyde, Wolfgang (1975): Die Rechtspflege in der Bundesrepublik Deutschland. 4. Auflage. Bonn.

Hobe, Stephan/Kimminich, Otto (2004): Einführung in das Völkerrecht. 8. Auflage. Tübingen und Basel.

Hubel, Helmut (2005): Weltpolitische Konflikte. Eine Einführung. Baden-Baden.

Jacobs, Andreas (2006): Realismus. In: Siegfried Schieder/Manuela Spindler (Hrsg.): Theorien der Internationalen Beziehungen. 2. Auflage. Opladen & Farmington Hills, S. 39-63.

Kimminich, Otto (1995): Das Völkerrecht und die friedliche Konfliktschlichtung. In: Dieter Senghaas (Hrsg.): Den Frieden denken. Si vis pacem, para pacem. Frankfurt/M., S. 142-160.

Klendauer, Ruth/Streicher, Bernhard/Jonas, Eva/Frey, Dieter (2006): Fairness und Gerechtigkeit. In: Hans-Werner Bierhoff/Dieter Frey (Hrsg.): Handbuch der Sozialpsychologie und Kommunikationspsychologie. Göttingen, S. 187-195.

Leggewie, Claus (1990): Bloß kein Streit! Über deutsche Sehnsucht nach Harmonie und die anhaltenden Schwierigkeiten demokratischer Streitkultur. In: Ulrich Sarcinelli (Hrsg.): Demokratische Streitkultur. Theoretische Grundpositionen und Handlungsalternativen in Politikfeldern. Opladen, S. 52-62.

Lemke, Christiane (2008): Internationale Beziehungen. Grundkonzepte, Theorien und Problemfelder. 2. Auflage. München.

Link, Werner (1979): Überlegungen zum Begriff „Konflikt" in den

Internationalen Beziehungen – Versuch einer Begriffsklärung. In: Politische Vierteljahresschrift 20, S. 33-50.

Link, Werner (2004): Konfliktformationen des Internationalen Systems im Wandel. In: Manfred Knapp/Gert Krell (Hrsg.): Einführung in die Internationale Politik. Studienbuch. 4. Auflage. München, S. 368-397.

Montada, Leo (2009): Konfliktmediation. In: Martin Hautzinger/Paul Pauli (Hrsg.): Psychotherapeutische Methoden. Göttingen, Bern, Toronto, Seattle, S. 809-867.

Morgenthau, Hans J. (1963): Macht und Frieden. Grundlegung einer Theorie der internationalen Politik. Gütersloh.

Nußberger, Angelika (2009): Das Völkerrecht. Geschichte, Institutionen, Perspektiven. München.

Oberreuter, Heinrich (1990): Defizite der Streitkultur in der Parteiendemokratie. In: Ulrich Sarcinelli (Hrsg.): Demokratische Streitkultur. Theoretische Grundpositionen und Handlungsalternativen in Politikfeldern. Opladen, S. 77-100.

Offe, Klaus (1969): Politische Herrschaft und Klassenstrukturen. Zur Analyse spätkapitalistischer Gesellschaftssysteme. In: Gisela Kress/Dieter Senghaas (Hrsg.): Politikwissenschaft. Eine Einführung in ihre Probleme. Frankfurt/M., S. 155- 189.

Oswald, Margit E. (2006): Vertrauen in Personen und Organisationen. In: Hans-Werner Bierhoff/Dieter Frey (Hrsg.): Handbuch der Sozialpsychologie und Kommunikationspsychologie. Göttingen, S. 710-716.

Piontowski, Ursula (2011): Sozialpsychologie. Eine Einführung in die Psychologie sozialer Interaktion. München.

Redlich, Alexander/Mironov, Evgueni (2003): Die Handhabung von Konflikten im Rahmen von Teamentwicklung. In: Siegfried Stumpf/ Alexander Thomas (Hrsg.): Teamarbeit und Teamentwicklung. Göttingen, S. 265-296.

Risse, Jörg (2000): Wirtschaftsmediation. In: Neue Juristische Wochenschrift 53, S. 1614-1620.

Roloff, Ralf (2002): Die Konflikttheorie des Neorealismus. In: Thorsten Bonacker (Hrsg.): Sozialwissenschaftliche Konflikttheorien. Eine Einführung. Opladen, S. 99-119.

Sarcinelli, Ulrich (1990): Auf dem Weg in eine kommunikative Demokratie? Demokratische Streitkultur als Element politischer Kultur. In: Derselbe (Hrsg.): Demokratische Streitkultur. Theoretische Grundpositionen und Handlungsalternativen in Politikfeldern. Opladen, S. 29-51.

Schimmelfennig, Frank (1995): Debatten zwischen Staaten. Eine Argumentationstheorie internationaler Systemkonflikte. Opladen.

Scholz, Roland W. (2006): Mediation.In: Hans-Werner Bierhoff/ Dieter Frey (Hrsg.): Handbuch der Sozialpsychologie und Kommunikationspsychologie. Göttingen, S. 748-756.

Simmel, Georg (1983): Soziologie. Untersuchungen über die Formen der Vergesellschaftung. Sechste Auflage (erste Auflage 1908). Berlin.

Senghaas, Dieter (1995): Frieden als Zivilisierungsprojekt. In: Derselbe (Hrsg.): Den Frieden denken. Si vis pacem, para pacem. Frankfurt/M., S. 196-222.

Spindler, Manuela (2002): Die Konflikttheorie des Neoinstitutionalismus. In: Thorsten Bonacker (Hrsg.): Sozialwissenschaftliche Konflikttheorien. Eine Einführung. Opladen, S. 143-164.

Sutor, Bernhard (1990): Ethische Aspekte demokratischer Streitkultur. In: Ulrich Sarcinelli (Hrsg.): Demokratische Streitkultur. Theoretische Grundpositionen und Handlungsalternativen in Politikfeldern. Opladen, S. 157-176.

Sutor, Bernhard (2004): Vom gerechten Krieg zum gerechten Frieden? Stationen und Chancen eines geschichtlichen Lernprozesses. Schwalbach/Ts.

Sutor, Bernhard (2011): Politisch Lied – ein garstig Lied? 25 Essays zur politischen Ethik. Schwalbach/Ts.

Weiß, Anja (2001): Was macht interkulturelle Konflikte aus? Kulturelle Differenzen, ethnische Identitäten und die Frage der Macht. In: Journal für Konflikt- und Gewaltforschung 3, S. 87-110.

Weiß, Anja (2005): Macht und Differenz – Ein erweitertes Modell der Konfliktpotenziale in interkulturellen Auseinandersetzungen. In: Landeszentrum für Zuwanderung NRW (Hrsg.): Interkulturelle Konflikte konstruktiv lösen. Konfliktmanagement im Stadtteil, in der Antidiskriminierungsarbeit und bei der Polizei. Solingen.

Wellhöfer, Peter R. (2007): Gruppendynamik und soziales Lernen. Dritte Auflage. Stuttgart.

Zöller, Richard (2002): Zivilprozessordnung. Kommentar. 23. Auflage. Köln.

Zum Autor

Prof. Dr. Joachim Detjen ist Inhaber des Lehrstuhls
für Politikwissenschaft III der Katholischen
Universität Eichstätt-Ingolstadt.

Veröffentlichte Bücher

Neopluralismus und Naturrecht. Zur politischen Philosophie
der Pluralismustheorie. Paderborn/München/Wien/Zürich
1988, 728 Seiten.

Demokratie in der Gemeinde. Bürgerbeteiligung an der
Kommunalpolitik in Niedersachsen. Hannover 2000,
308 Seiten.

Demokratie in Deutschland und Europa. Braunschweig 2006,
224 Seiten.

Politische Bildung. Geschichte und Gegenwart in
Deutschland. München 2007, 510 Seiten.

Handbuch ökonomisch-politische Bildung. Schwalbach/Ts.
2007, 525 Seiten (Mitherausgeber).

Die Werteordnung des Grundgesetzes. Wiesbaden 2009,
439 Seiten.

Verfassungswerte. Welche Werte bestimmen das Grundgesetz?
Bonn 2009, 175 Seiten

Konzepte der Politik. Ein Kompetenzmodell. Schwalbach/Ts.
2010, 231 Seiten (Mitautor).

Klaus Peter Hufer

| Jahrhundertbücher auf dem Höhepunkt der Moderne|

Klassiker der Kultur- und Sozialwissenschaften wieder gelesen

Jährlich erscheinen allein in Deutschland circa 90.000 Bücher neu. Wer kann da noch und mit welchen Gründen eine Auswahl treffen?

Was ist wichtig, was oberflächlich? Vieles von dem, was auf den Markt kommt, ist weder neu noch originell. Aber es gibt auch immer wieder Bücher, die herausragen, bahnbrechende Erkenntnisse bringen, Neuüberlegungen anstoßen und über lange Zeit bedeutend sind. Sie haben das Zeug zu „Jahrhundertbüchern".

Klaus-Peter Hufer stellt in der bewegenden Zeitspanne von 1900-1938 entstandene, besonders herausragende Werke von Georg Simmel, Max Weber, Oskar Spengler, Carl Schmitt, Sigmund Freud, Georg Lukács, Karl Jaspers und Norbert Elias vor.

Er berichtet vom Leben der Autoren, den sie begleitenden Zeitumständen und gibt Auskunft darüber, was sie bewirkten und warum diese fundamentalen Arbeiten auch heute noch eine große Aussagekraft haben.

ISBN 978-3-94126409-0,
208 S., € 19,80

Dr. Klaus-Peter Hufer ist Professor an der Fakultät für Bildungswissenschaften der Universität Duisburg-Essen und Fachbereichsleiter der Kreisvolkshochschule Viersen.

b|d edition   Imprint im Wochenschau Verlag

Adolf-Damaschke-Str. 10 | 65824 Schwalbach/Ts. |
Tel.: 06196/86065, Fax: 06196/86060 | info@bd-edition.de | www.bd-edition.de